86세대의 위선과
선무당의 정치철학

86세대의 위선과 선무당의 정치철학

초판 1쇄 발행 2022년 12월 18일

지은이 정부원
펴낸이 장길수
펴낸곳 지식과감성#
출판등록 제2012-000081호

교정 정은솔
디자인 이은지
편집 이은지
검수 김서아, 윤혜성
마케팅 고은빛, 정연우

주소 서울시 금천구 벚꽃로298 대륭포스트타워6차 1212호
전화 070-4651-3730~4
팩스 070-4325-7006
이메일 ksbookup@naver.com
홈페이지 www.knsbookup.com

ISBN 979-11-392-0793-4(03340)
값 13,000원

- 이 책의 판권은 지은이에게 있습니다.
- 이 책 내용의 전부 또는 일부를 재사용하려면 반드시 지은이의 서면 동의를 받아야 합니다.
- 잘못된 책은 구입하신 곳에서 바꾸어 드립니다.

지식과감성#
홈페이지 바로가기

86세대의 위선과 선무당의 정치철학

정부원 지음

86세대는 보릿고개로 대변되는 절대적 빈곤을 벗어난 시대에 청소년기를 보내고 IMF가 몰고 온 험난한 상황에서도 높은 생존율을 유지할 수 있었을 정도로 다른 세대와 비교해 고용의 안정성이 높았다. 또한, 이들은 급속한 경제 발전의 혜택도 선점하여 주택 마련과 자산 증식에서도 다른 세대에 비해 큰 성취를 이뤘다. 취업난과 무한 경쟁에 시달리며 미래에 대한 희망마저 상실한 청년 세대가 86세대가 누리고 있는 혜택과 특권을 비판하며 기성세대의 사회적 책임을 강조하는 이유가 바로 여기에 있다.

차례

글을 시작하며 6
소크라테스·플라톤의 정의론과 86세대 정치인들의 오만 11
아리스토텔레스의 중용과 86세대 정치인들의 편협성 18
스토아적 삶과 86세대의 위선 24
키케로와 그들의 공화국 31
아우구스티누스의 『신국론』과 당신들의 천국 36
보에티우스와 정치의 위안 43
마키아벨리의 비르투와 공화국의 적 48
에라스무스와 우신들의 정치 50
볼테르의 『캉디드』와 86세대의 위선적 목적론 54
몽테스키외의 『법의 정신』과 86세대의 거짓 명예 58
에드먼드 버크의 보수주의와 진보 정치의 미래 66
칸트의 정언 명법과 86세대 정치인들의 위선 78
데이비드 흄의 시민 사회와 86세대의 야만 사회 88
애덤 스미스의 동감의 정치와 86세대의 적대의 정치 95
루소의 일반 의지와 그들의 개별 의지 101
존 스튜어트 밀의 자유주의와 86세대의 진영 논리 105
막스 베버와 책임 윤리의 정치 107
미국 건국 영웅들의 대의 공화정과 팬덤의 직접 민주주의 110
간디의 시민 불복종 운동과 86세대의 대중 선동 정치 118
니체의 아모르파티와 약자들의 팬덤 정치 128
한나 아렌트의 정치 철학과 공적 영역의 식민지화 133
김남주와 참된 혁명의 정치 139
좌파와 우파 143
뉴라이트 비판 146
한국 보수주의의 방향 정립을 위한 조언 151

글을 시작하며

  2020년 21대 국회 의원 선거에서 1960년대에 태어나 1980년대 대학을 다닌 50대 정치인이 당선자의 58%를 차지했다. 일반적인 생애 주기로 봤을 때 사회의 중핵인 50대가 정치권의 핵심 인사로 활동한다는 것은 결코 이상한 현상이 아니다. 그러나 60%에 육박하는 수치는 상식적 수준을 넘어서며 환갑도 되지 않은 나이에 벌써 4선을 달성한 정치인도 눈에 띄는 것이 현실이라는 점을 감안하면 약칭 86세대로 일컬어지는 586 정치인들에게 눈길이 가는 것은 어쩔 수 없는 노릇이다. 고난과 자부심이 중첩된 특정인의 고귀한 삶을 헐뜯을 의도는 전혀 없으나 다른 사람들보다는 이른 나이에 사회 지도층에 올라 20년 가까이 승승장구한 이들에게 호기심 이상의 관심을 가지는 것이 호사가의 짓궂은 심리에서 기인하는 것은 아니라는 생각이다.

  인간과 사회 현상 간의 관계를 고려할 때 세대별 정체성에 집착하는 것은 복잡한 현상의 본질을 단순화할 우려가 있다. 사람들 간의 일상을 비교할 때 세대보다는 사회 계층 간 구분이나 젠더적 구분이 더욱 설득력 있는 분석을 가져올 수도 있다. 실제로 위에서 언급한 '금배지 단 나으리'들은 4년제 대학 진학률이 10% 정도에 불과했던 시절 대학을 다니며 민주화 운동을 했던 인사들이다. 같은 586이라 해도 해당 세대의 다수는 현재 35% 이상이 비정규직으로 일하고 있다. 50대 대부분은 부모에 대한 효도와 자식에 대한 희생을 미덕으로 여기고 묵묵히 힘겨운 일상을 이어 가고 있다. 학사 경고를 면하는 수준으로 대학을 졸업해도 취업 걱정

없이 사회인이 되어 중산층 이상의 사회적 지위를 유지하며 살아가는 것은 소수의 선택된 자들이 누리던 혜택이었다. 그러나 같은 세대 내에서 특권을 누리는 사람이 소수일 수밖에 없다는 점을 고려하면 세대 내 차이보다는 세대 간의 차등에 관심을 집중할 수밖에 없다.

86세대는 보릿고개로 대변되는 절대적 빈곤을 벗어난 시대에 청소년기를 보내고 IMF가 몰고 온 힘난한 상황에서도 높은 생존율을 유지할 수 있었을 정도로 다른 세대와 비교해 고용의 안정성이 높았다. 또한, 이들은 급속한 경제 발전의 혜택도 선점하여 주택 마련과 자산 증식에서도 다른 세대에 비해 큰 성취를 이뤘다. 취업난과 무한 경쟁에 시달리며 미래에 대한 희망마저 상실한 청년 세대가 86세대가 누리고 있는 혜택과 특권을 비판하며 기성세대의 사회적 책임을 강조하는 이유가 바로 여기에 있다.

최근 들어 정치권에서 청년 세대의 표심을 잡기 위해 젠더 갈등까지 조장하는 것을 보면 기형적이다 못해 비극적인 느낌마저 든다. 자신의 정치적 입지를 넓히려는 의도를 부정할 수는 없지만 얼마 전 20대의 야당 비대위원장이 586 출신 정치인 용퇴를 주장한 것도 이와 동일한 분위기를 반영하고 있다고 할 수 있다. 그러나 이러한 지적이 특정한 정치 현안이나 서민 경제 활성화와 무관하다 할지라도 크나큰 사회적 반향을 일으키는 것을 보면 정치 공학적 차원에서나 사회 분위기 쇄신 차원에서나 86세대 정치인들을 비판적 분석의 대상으로 삼을 수밖에 없다.

김대중 정권 출범으로 대변되는 이른바 '수평적인 정권 교체' 이후 지속된 10년간의 진보 정권 집권 시기, 1980년대에 주로 활동했던 학생 운동권 출신의 정치인들이 대거 정치권에 영입되었다. 당시 보수 언론은 이들에게 386 정치인이라는 명칭을 부여하며 특정 세대의 또래 집단을 정계의 새로운 세력으로 부각시켰다. 그러나 당시만 해도 세대 갈등의 차원에서 86세대를 성토하는 분위기는 감지되지 않았다. 새로운 세력이 부상하는 데 대한 경계의 의도가 없지는 않았으나 폭압적 군사 독재 정권하에서 교화와 감금의 대상으로 여겨졌던 이들이 최고 입법 기관의 일원이 되었다는 인상 비평 수준의 성격이 더욱 강했다.

세대 갈등론이 본격적으로 논의되기 시작한 시점은 박근혜 정부 때부터이다. IMF를 겪으며 전 사회적으로 확산된 신자유주의의 득세로 경제적 격차에 따른 사회적 양극화가 심화되고 친기업적이고 반서민적인 고용 시장의 구조가 고착되었다. 당시 정부 여당과 보수 언론은 사회 구조적 문제를 세대 갈등으로 치환했다. 특권 세대인 기성세대가 사회적 혜택을 독점함으로써 청년 세대의 생존을 침해했다는 논리였다. 박근혜 정부는 비정규직 확대와 노동자의 해고 요건 강화를 골자로 하는 '개혁 입법'을 시도하면서 취업이나 고용과 관련된 생계 문제를 세대 간의 갈등으로 전치했다. 이처럼 세대 갈등론이 드러내는 환원론적 도식성과 더불어 정치적 역학 관계와 연동된 담론적 조작성은 세대 갈등론의 유효성마저 의심케 한다. 그러나 86세대 엘리트 계층의 사회적 이권 독점은 엄연한 사회적 현실이고 공정의 윤리와 상식을 기반으로 한 사회 정의의 관점에서도 용납되기 힘든 것 또한 사실이다. 적지 않은 사람들이 586 출신 정치인들의 문제점을 위선, 오만, 무능, 기득권, 패거리 문화 등의 용어로 표현하며 성토의 목소리를 내는 것은 이러한 현실을 뒷받침한다.

86세대의 대표적 이미지는 20대 피 끓는 청춘의 열정을 민중 민주주의 정착과 통일 조국 건설을 위해 소진하다 독재 정권의 폭정으로 영어의 몸이 되기도 했던 이른바 청년 민주 투사이다. 이들은 수평적 정권 교체 이후 민주주의의 확장적 정착과 통일 민족 국가 수립을 위해 불철주야 고심하는 인물로 정형화되었다. 이는 언론이나 평범한 다수 시민이 이들에게 기대하는 이미지일 뿐만 아니라 86세대 주요 정치인들이 포장하고 관리하는 자기 이미지이기도 하다. 그러나 민주주의 확산과 서민 경제 활성화, 민족 통일을 위해 자기희생도 마다치 않는 영웅적 이미지는 여느 보수 정치인과 다를 바 없는 이권 추구와 엘리트 의식이 적나라하게 드러나면서 스스로 빛을 잃었다. 이들은 '내가 하면 로맨스 남이 하면 불륜'으로 대변되는 표리부동의 위선을 펼치며 정권 유지와 조직 보위의 차원에서 전개된 진영 논리의 확산과 여론의 극심한 양극화 현상을 배후에서 부채질했다. 개인적 편차는 있겠으나 86세대 정치인들은 국정 운영과 관련된 전문 지식과 실력 부족을 특유의 패거리 문화로 메꾸면서 자당의 결속력과 세력을 다졌다. 정책 대결이 실종된 거대 양당 체제의 정계 구조가 수구 보수 세력의 대항마로 이들의 역할을 요구한 결과 86세대 정치인들의 사회적 지위는 시간이 지나면서 더욱 공고해졌다. '고인 물은 썩기 쉽다'라는 말처럼 입법권과 공천권, 예산권을 틀어쥔 이들의 권력 독점은 후배 세대들의 정계 진출을 사실상 봉쇄하는 결과로 이어졌을 뿐만 아니라 전면적인 정치적 쇄신마저 어렵게 만들었다. 청년 정치인 시절 '3김 보스 정치의 청산'을 외치던 기개는 어디 갔는지 궁금하다. 검증되지 않은 실력에 독선과 오만으로 점철된 이들의 정치 행태는 하루빨리 도려내야 할 사회적 암종으로까지 여겨질 지경이다.

특정 집단이나 개인을 공적인 차원에서 비판하는 일은 항상 조심스러울 수밖에 없다. 비판자의 윤리적 결백함은 차지하고서라도 건전한 비판과 비난 사이의 차별성을 확보하기 힘들뿐더러 새로운 대안을 제시하라는 여론의 엄중한 요구 또한 만만치 않기 때문이다. 표현의 자유라는 문구 뒤에 숨어 원색적인 비난만 일삼는다면 개인적 원한과 시샘을 배설하는 수준으로 전락할 수밖에 없다.

이 글에서는 앞서 언급한 위험성을 염두에 두고 검증되고 정제된 논거를 중심으로 86세대 정치인들의 사회적 폐해를 분석한다. '혁명 시인' 김남주의 절규 섞인 죽비의 언어도 등장하지만, 소크라테스나 플라톤부터 한나 아렌트에 이르는 서양 정치 철학자들의 논의를 전면에 깔고 86세대 정치인들의 위선과 오만, 폐쇄적 집단 문화를 비판하는 논거로 삼는다. 글 말미에는 좌파와 우파, 한국 보수주의의 역사적 기원과 뉴라이트로 대변되는 신보수주의의 이념적 성향을 주제로 한 글을 덧붙였다. 좌파와 우파를 막론하고 한국 정치계에 만연된 자폐적 정치관을 극복하기 위한 방안을 시론적 차원에서 제시했다. 극심한 정치적 갈등의 주된 요인 중 하나로 지목되는 폐쇄적 진영 논리를 극복하고 민주적 정치 공론의 정착을 희망하는 차원에서 보탠 글이다. 덧붙이는 글의 형식을 띠고 있으나 사족으로 여겨지지나 않을까 염려된다.

관점에 따라 견강부회牽强附會와 침소봉대針小棒大로 비칠 우려도 있으나 우리 사회 정치 문화의 선진화를 앞당기고 일상의 민주주의를 확장하는 데 일조하고 싶어 서툰 붓을 감히 들었다. '선무당의 칼'도 새로운 대안의 실마리를 마련하는 데 최소한의 쓰임은 있다고 믿었기 때문이다. 여기서 소개하는 다양한 정치사상의 향연을 만끽하면서 현실 정치의 모순을 바로잡는 계기를 마련했으면 한다.

소크라테스·플라톤의 정의론과 86세대 정치인들의 오만

 논란의 여지는 있지만, 사회적으로 가치 있다 여겨지는 재화나 서비스, 그 외 정치 권력과 같은 권한이 개인이나 특정 사회 집단에 적절한 몫으로 배분되는 것을 정의라 한다. 일찍이 플라톤이 사회 구성원 각자가 자연적 본성에 따른 덕목을 충실히 구현하는 것을 정의라 규정했지만 정해진 규준에 따른 정당한 몫의 배분을 정의라 한 점에서는 맥락이 다르지 않다. 따라서 법이나 제도와 같은 명확한 기준에 입각한 권리와 의무의 공정한 배분이 제대로 실현되는 사회를 정의로운 사회로 일컬을 수 있을 것이다. 지난 정권을 이끈 대통령의 취임사에서 쓰인 문구를 빌리자면 기회의 균등과 과정의 공정, 정의로운 결과가 보장되지 않으면 구성원들 간의 위화감이 증폭되고 체제에 대한 신뢰의 기반은 취약해질 수밖에 없다. 정치에 입문한 지 1년도 채 안 돼 행정부 최고의 수반으로 등극한 신임 대통령의 국정 철학이 '공정과 상식'인 이유도 여기에 있다.

 정의의 관념은 교과서적이고 원론적인 특성이 강하여 따분하고 비현실적인 격언처럼 비치기도 하지만 개인의 체제에 대한 신뢰와 사회 안정성 확보와 관련하여 첨예한 현안임이 틀림없다. 현존하는 공동체의 기반이 무너진 상태에서는 그 어떤 사회 발전도 기대할 수 없기 때문이다. 법과 제도 운용의 공정성에 바탕을 둔 사회 정의 실현이 공동체의 안위를 좌우하는 것이 현실이라면 정의에 대한 담론을 단순한 잠언으로 취급할 일은 아니다. 가치관의 극단적인 양극화가 심화하여 합리적이고 이성적인 공론장 형성이 요원한 현실에서는 고전적 이론이 문제의 해결에 중요한 실마리를 던져 줄 수 있다. 반칙과 적반하장의 태도가 난무하는 최근의 정치 현실에서 기본 덕목에 충실한 태도가 시급히 요청된다고 할 수 있다. 이것은 과거의 오류를 공식적으로 반성치 않으면서도 교언영색과 감언이 설로 권력 추구를 위한 표리부동의 행각을 감추려 하는 586 운동권 출신 정치인들에게 특히나 필요한 덕목이라 할 수 있다.

근거 없는 자기 확신에 따른 주관적 정치 담론을 진리로 오인하며 상대 진영을 악마화하고 절멸하려는 태도는 사회 정의 실현과는 한참 거리가 멀다. 노동자, 농민 혹은 사회적 약자 그 누구도 역사의 진행을 주도하는 선민적 주체일 수는 없다. 이와 같은 맥락에서 진보 개혁 진영을 자부하는 정치 세력이라 해서 시대정신과 다수의 민의를 대변한다고 할 수 없다. 사회적으로 통용되는 공정함과 합리성의 관념에 부합하지 않는 비논리적 강변은 정의롭지 못한 오만^{hubris}일 뿐이다. 소크라테스와 플라톤의 정치사상을 일별하면서 현시대에 합당한 정의의 관념과 적절한 정치 철학을 모색하는 계기를 마련해 보자.

『고르기아스^{Gorgias}』에서 소크라테스는 고르기아스의 제자이자 수사학의 신봉자였던 폴루스^{Polus}와 권력과 정의 등 현대 정치학의 쟁점이기도 한 논제를 두고 논쟁한다. 폴루스는 권력을 가지면 부와 명예, 자신이 원하는 모든 것을 누릴 수 있다고 하면서 소크라테스의 정의론이 비실용적이며 무용하다고 비판한다. 그러나 스스로 원하는 모든 것을 취할 수 있는 권력을 소유하는 것을 실용성을 갖춘 인간의 보편적 욕망이라 단언할 수 없다. 아이가 해충을 원한다고 해충을 삼키게 한다면 병에 걸릴 확률은 그만큼 높아진다. 원하는 대로 행한다고 해서 항상 당사자에게 이익이 되는 것은 아니다. 원하는 것을 행하는 것과 자신에게 이익이 되는 것을 행하는 것은 다르기 때문이다.

소크라테스는 정치인들을 권력에 대한 열망에 휩싸이게 하는 것은 영혼을 병들게 하는 짓이라고 보았다. 자신의 영혼을 돌볼 수 없는 자는 자신을 제어할 수 있는 권력을 지니고 있다고 할 수 없다. 자신을 다스리지 못하는 자가 다른 사람을 통치할 만한 권력을 가지고 있다고 하는 것은 어불성설이라는 것이다. 소크라테스가 정치적 권력에 대한 집착을 금기시한 것은 자신의 영혼을 돌봄으로써 참된 덕성을 소유하지 못한 사람의 욕망은 개인은 물론 공동체의 이익 확충에 이바지할 수 없다고 생각했기 때문이다.

　소크라테스의 논의를 따르자면 정치인 지망생들에게는 정의를 가르쳐야 할 필요가 있다. 정의는 외양에 바탕을 두지 않는다. 무엇이 정의인지를 아는 것이 인생의 필수적 사안이다. 정의는 사회에 이익이 되지 않는다고 할지라도 그것을 소유하는 사람에게는 이익이 된다. 생전에 정의에 상응하는 삶을 살면 사후에 보상을 받을 것이라는 관점이 아니라 현생에서 정의로운 일이라 여겨지면 자신의 신념을 행동으로 옮기는 것이 영혼의 명령에 충실한 정의로운 삶이라는 견해이다. 이런 관점에서 인생은 도박이라기보다는 신념에 충실한 지행합일의 여정이다.

　소크라테스는 사악한 목적이 있더라도 그러한 목표를 달성하기 위해 각고의 자기 제어 능력을 발휘하여 원하는 것을 획득하는 것을 훌륭한 삶이라 보지 않았다. 칼리클레스^{Callicles}는 도덕이나 윤리적 덕성보다는 힘의 역학 관계가 중시되는 현실 정치^{Realpolitik}의 엄혹함을 있는 그대로 인정하면서 만족을 최대화하는 게 선이고 불만족의 감정을 해소하지 않고 축적하는 삶을 악이라고 주장했다. 그는 육체적·정신적 역량이 우수한 자가 저열한 자를 지배하여 가장 좋은 것을 차지$^{lion’s\ share}$하는 게 자연의 이치라고 역설했다. 이에 대해 소크라테스는 욕망의 무한정성을 전제하고 욕망 충족에 집착하는 행위는 욕망에 전적으로 포섭되는 인간의 노예화를 부추긴다고 반박했다.

　소크라테스가 보기에는 악행을 행하는 것보다는 악행의 희생자가 되는 게 더 나았다. 그는 의로운 삶을 사는 게 가치 있고 행복한 삶이라 여겼다. 소크라테스는 정의는 강자의 이익이라는 트라쉬마코스^{Thrasymachus}의 주장에 대해 특정 분야의 기예를 적절히 발휘하여 구성원들의 이익을 극대화하는 아레테^{arete}, 즉 덕성을 널리 발현하는 것이 사회 정의를 보장한다고 응수했다.

선장이 선원의 안전과 이익 보장을 위해 항해술을 활용하고 목동이 양들의 안전과 성장을 위해 역량을 발휘하는 것처럼 정치 지도자는 인민의 안위와 복리를 위해 자신의 훌륭한 통치술을 발현하는 게 정의라는 것이다. 그렇다면 정의는 개인의 이익이 아니라 다수의, 혹은 약자의 이익을 보장하기 위해 시행된다고 볼 수 있다. 이에 반해 트라쉬마코스는 당시 아테네 사회에서 통용되던 관습적 이익 관념이나 정의론에서 탈피하여 악덕으로 인식되는 행위를 하더라도 그것이 결과적으로 전체의 이익 향상에 도움이 된다면 정의에 부합하는 것이라는 입장을 취한다.

소크라테스는 세속적 운명과 무관하게 정의로운 사람의 영혼은 선한 상태에 있고 선한 상태의 영혼을 소유하는 것은 행복을 보장한다고 주장했다. 개인의 세속적 운명이 어떠하든 한 집단의 목표를 달성하기 위해서는 정의가 필수적이라고 보았다.

그렇다면 정의는 개인의 이익이 희생되더라도 집단의 복리만 보장된다면 실현될 수 있는 것인가? 소크라테스의 정의론을 반개인적이고 반자유주의적인 공리주의로 규정할 수 있는가? 『국가』에서 플라톤의 친형 글라우콘^{Glaucon}은 도덕은 인간의 필요 때문에 조성된 관습에 불과하다는 논리를 폈다. 기게스의 반지 설화에 나타나는 바와 같이 인간은 처벌을 받지 않는다면 자신의 이익을 위해 악행을 행할 수도 있다고 보았다. 그러나 소크라테스는 우리의 영혼이 우주와 사회의 질서에 상응한 상태를 정의로 규정했다.

고대 그리스 사회에서 정의^{justice}를 뜻하던 디케^{dike}는 현대의 정의보다는 좀 더 폭넓은 의미를 지닌다. 헬라스인들은 자연의 질서나 본성에 걸

맞은 행위를 각자가 수행할 때 정의가 실현될 수 있다고 믿었다. 플라톤이 소크라테스의 입을 빌려 주장한 철인 왕 정치는 귀족정이 아니었다. 폴리스의 통치자로서의 철인 왕은 자기 절제(극기)를 실천하며 자신의 것을 소유하지 않는다. 그에게는 처자식도 없다. 사회 구성원의 자녀가 그의 자녀이기 때문이다. 정치인은 응당 수행해야 할 임무를 행하면서 행복을 맛본다. 그것이 바로 본성에 입각한 삶이기 때문이다. 임무와 보상을 적절히 분배하는 철인 왕의 통치가 제대로 실현되기만 하면 법이 규제(중재)하는 사회적 갈등은 존재하지 않는다는 것이 플라톤 통치론의 핵심이었다.

플라톤은 의로운 사람들이 정해진 직종에 종사하는 영원하고 질서 잡힌 이상향^{utopia}를 꿈꿨다. 철학자 왕이 다스리는 이상 국가에서 절제^{temperance}의 미덕을 갖춘 서민 노동 계층은 용기의 미덕을 갖춘 전사나 지혜를 소유한 철인 왕의 권한을 질시하지 않는다. 각 계층의 사람들은 자연의 이치에 따라 적절히 부여된 임무를 충실히 수행하며 정의를 실현한다.

플라톤은 국가 통치술보다 영혼 조정술$^{soul\ craft}$에 관심을 집중했다. 이것은 인간의 탐욕과 경제적 갈등, 사회적 현안을 다루는 정치적 삶의 지침으로는 모자람이 많다. 갈등과 쟁투로 점철된 수많은 사회적 현안을 두고 국론의 합일을 기대한다는 것은 지나친 이상이 아닐까? 이상 국가의 조건에 관심을 집중했던 플라톤은 정치적 현안에 대한 해결책을 제시하는 데는 부족함을 보였다.

소크라테스는 훌륭함^{arete}을 앎^{episteme}과 동일시했다. 이를 인생에 적용하면 사람으로서의 훌륭함은 궁극적으로 사람 구실^{ergon}에 대한 앎이라는 결론을 도출할 수 있다. 『소크라테스의 변명』에 의하면 법정에서 소크라테스는 혼이 최대한 훌륭하게 되도록 혼을 보살필 것을 주문한다. '너 자신을 알라'라는 언명은 혼을 정화하고 아름답고 훌륭하게 가꿈으로써 세속적 허영에 찌든 영혼의 무지에서 벗어나라는 요구이다. 혼이 제 기능을 수행할 수 있는 바탕인 올바른 상태^{dikaiosyne}는 사회 정의와 관련된 현안으로 플라톤의 『국가』의 서두에서 자세히 다뤄진다. 트라쉬마코스가 "올바른 것이란 더 강한 자의 편익"이라 규정한 것은 정의는 강자의 이익을 보장한다는 의미이다. 이에 대해 소크라테스는 세상의 모든 기능은 대상을 이롭게 하지 자신에게 이익을 가져오게 하지 않는다고 주장했다. 의사의 의술은 환자 치료, 즉 환자의 이익을 위해 소용되는 것이지 의사의 이익을 위해 존재하는 게 아니다. 위정자 또한 자신들의 편익이 아니라 인민의 이익을 극대화하기 위해 통치 행위를 수행한다는 것이다. 자기 이익 추구에 눈이 멀어 정의나 사회 발전, 민주주의 확충은 아랑곳하지 않고 위선과 거짓 선동질만 일삼아온 586 운동권 출신 정치인들의 악행이 떠오른다. '너 자신을 알라'는 표리부동과 아전인수의 대가인 86세대 정치인들이 귀담아 들어야 할 격언이다.

 고대 그리스인들은 경이, 즉 놀라움이야말로 지혜를 사랑하는 자의 마음 상태라고 보았다. 이는 소크라테스 철학의 출발점이었다. 자신이 지닌 신념이나 관습 등을 바닥부터 의심하는 엄밀한 회의의 방법을 배우는 것이 철학 학습과 동일시되었다. 이유 없는 확신에 사로잡혀 상대 진영의 정치적 견해를 오류로 규정하고 이들을 악마화하고 절멸하려는 것은 조폭 집단이 드러내는 폭력성과 다를 바 없다. 소크라테스 철학의 핵심 캐치프레이즈라 할 '너 자신을 알라'를 다시 한번 언급할 수밖에 없는 이유이다.

 교활하고 무분별한 아첨꾼들은 인민의 보호자로 자칭하며 최고의 지위에 올라 인민의 고혈을 쥐어짜는 참주나 독재자가 되기 십상이다. 퓌시스^{physis}는 존재의 자연적 본성을 뜻하는 것으로 고대 그리스인들은 본연의 자연적 기능을 넘어서는 것을 휘브리스^{hubris}, 즉 오만으로 규정했다. 오만은 무질서^{chaos}를 초래할 수 있어 기피되었다. 생계를 위해 직장에서 아니꼬운 '을'의 생활도 감내한 적도 없고 청년기의 반독재 투쟁 경력을 밑천으로 20년 이상 사회 지도층의 반열에 있는 86세대 정치인들은 존재의 위상이 고평가된 경우라 할 수 있다. 본연의 역량이나 성과에 비해 과분한 대우를 받는 것은 사회 정의에 부합하지 않는다. 고대 그리스인들의 가치관에 따르면 이러한 현실은 퓌시스, 즉 자연적 본성에 걸맞지 않는 휘브리스, 즉 주제넘음, 혹은 오만에 해당한다고 할 수 있겠다. 정치 현실이 극심한 혼란 양상을 띠는 이유는 이들의 주제넘고 오만한 정치 행각에서 찾을 수 있을지 모른다.

아리스토텔레스의 중용과 86세대 정치인들의 편협성

 지혜의 덕성을 소유하는 철학자만이 사회 정의를 총괄적으로 실현하는 통치의 주체일 이유는 없다. 다수 사회 구성원이 정의의 덕성을 지니고 이를 실천으로 옮길 때 정의로운 사회를 제대로 구현할 수 있을 것이다. 정의로운 사람은 정의롭지 못한 자보다 더 행복할 수밖에 없다는 것은 힘난한 사회 현실을 망각한 단순 논리로 여겨진다. 아리스토텔레스가 플라톤의 논의에 의문을 표명하는 것이 바로 이 지점이다. 아리스토텔레스에 의하면 모든 사람이 철학자가 추구하는 관조적 삶을 살아갈 필요는 없다. 관조하는 삶이 활동적 삶보다 우월하다는 보장도 없다. 일반인들은 폴리스가 제공하는 환경 속에서 최선의 일상을 영위하면서 행복한 삶을 만끽할 수 있다.
 사상 최악의 수준을 경신하는 취업난과 비상식적인 집값, 쉽사리 감당하기 힘든 자녀 양육비 등으로 연애와 결혼을 포기하다 못해 지옥과 같은 한국 사회를 떠나려 하는 젊은이들이 적지 않다. 이른바 '헬조선'이라는 말은 통상적인 사회 모순을 지칭하는 일상 용어가 되었다. 수많은 청년이 자조적으로 헬조선을 운운하는 마당에 중용의 덕목을 중심으로 한 개인의 행복과 공동체의 안위, 그리고 이 모든 것을 보장하는 적절한 정치 체제를 모색하는 일은 사치스러운 지적 허영일 수 있다. 상황을 여기까지 이르게 한 원흉은 기성세대와 개인의 이익과 권력 추구에 혈안이 된 무책임한 정치인들이라 할 수 있을 것이다. 그러나 오랜 기간 켜켜이 누적된 모순된 사회 현상의 원인을 특정한 요인으로 한정할 수는 없다. 원인을 찾는 것보다 해당 문제를 개선할 향후의 방안을 모색하는 편이 합리적이다.
 '엎친 데 덮친 격'이라고 진보·개혁 세력임을 자임한 정치인 중 다수는 입으로만 청년과 서민, 사회적 약자를 위한다고 말하면서 정작 공정성과 형평성을 앞세워 사회 정의를 실현하는 데는 별다른 성과를 거두지 못한 경우가 많았다. 수구 세력과 다를 바 없는 부정부패와 연고주의, 제 식구 감싸기, 적반하장의 행태를 드러낸 다수의 586 운동권 출신 정치인들은 헬조선으로 대변되는 한국 사회의 모순된 현실을 고착화한 장본인으로 인식되고 있다. 이들은 현실에 좌절한 청년들을 비롯한 우리 사회의 수많은 사회적 약자들에게 도저히 극복할 수 없는 숙명적 부조리를 안겨 주었다. '캐비어 좌파', '강남 좌파'라는 명칭조차 무색할 정도로 이들의 정견과 정치적 입장은 소수의 사안을 제외하고는 수구 세력의 그것과 다를 바가 없다. 냉전형 반공주의를 고수하는 수구 반동 성향의 정치 세력에게는 기대할 것이 없어 비판의 대상으로 삼지도 않았다. 그러나 진보·개혁 세력임을 자임하면서도 표리부동과 '내로남불'로 일관하는 86세대 정치인들은 엄정한 비판의 칼날을 피하기 힘들다. 이들의 위선적 행태로 인해 부조리의 개선과 사회 발전을 위한 최소한의 희망마저 사라져 버렸기 때문이다. 현실에 기대할 것이 없다면 원론적이면서도 다소 고지식한 고전 정치사상을 새로운 희망의 자양분으로 삼을 수 있다. 조화와 균형, 중용, 합리성, 적절성 등을 강조하는 아리스토텔레스의 정치 철학은 이러한 목적에 부합하리라 본다.

  아리스토텔레스에 따르면 가족이나 씨족 같은 자연적 결사체는 해당 결사의 존속과 번영에 목적을 두지만, 폴리스와 같은 국가는 좋은 삶을 목표로 한다는 명백한 차이점이 있다. 정치인의 권위를 가부장이나 씨족장 등의 권위와 혼동해서는 안 된다. 폴리스와 같은 정치적 결사를 이끌어 가는 정치인의 권위는 공동체 구성원의 좋은 삶을 보장하는 정치적 목표의 달성과 연관된다. 폴리스와 같은 정치적 결사체를 조직하지 않는다면 그것은 금수 아니면 신 둘 중 하나에 해당한다. 동물은 말과 이성을 사용할 수 없어서 결사체를 조성하지 못하고 신은 자기 충족적 존재라 결사체를 형성할 필요성을 느끼지 못한다는 것이다.

한편 아리스토텔레스는 여성은 교육받은 남성에 비해 이성의 지배를 덜 받으므로 남성에 종속될 수밖에 없다는 논지를 폈다. 보편적 인권을 진리로 간주하는 오늘날의 관점에서는 망언에 가깝고 하늘이 낮은 양성 평등론자로 자처하는 한국 정치권의 페미니스트들이 들으면 펄쩍 뛸 일이다. 그러나 비이성적인 자들이 언감생심 정치적 결사체를 조직하여 진보 개혁을 운운하며 여론을 호도하는 상황에서 서양 고대 현인의 정치 담론을 봉건적이라 폄하할 수는 없다.

처, 자식, 재산의 공유를 주장했던 플라톤과는 달리 아리스토텔레스는 사적 생산을 보장하고 생산물의 공동 활용을 주장했다. 아리스토텔레스는 화폐 유통을 달가워하지 않았다. 돈을 빌리거나 빌려주는 고리대금업은 자연스럽지 않다고 보았다. 나무나 식물처럼 후손을 생산하지 못한다는 이유였다. 그는 사용 가치에 입각한 적절한 시장 가격이 책정되어야 한다고 주장했다. 금전 차용과 고리대금업을 금지한 중세의 전통은 아리스토텔레스의 영향이다. 만든 것을 소비하는 자연적 생산-소비의 순환 방식을 따르지 않기 때문에 돈놀음은 위험하다는 발상이었다. 언뜻 보면 활발한 교역에 입각한 자본주의 상품 시장의 현실을 반영하지 못하고 자족적 농촌 공동체를 사회 체제의 바탕으로 삼은 한계가 감지된다. 그러나 경제 민주화의 기수임을 자처한 지난 정권은 노동 시장의 현실과 사회 여건을 무시하고 펼친 대중 영합주의적 정책으로 서민 경제를 백척간두의 지경에 이르게 했다. 겉으로는 친노동 반기업적 정서를 강조했지만 정작 일관성 있는 친서민적 경제 정책을 견지했는지도 의문이다. 플라톤이나 아리스토텔레스와 같이 정책 설정의 저변에 흐르는 이념적 일관성이라도 유지했으면 좋았을 것이다.

아리스토텔레스에 따르면 두어 명의 노예를 거느리고 자영농에 종사하는 농부나 과도하지 않은 수준의 적절한 부를 소유한 부자들이 공적 업무를 논의하는 정치에 합당하다. 아고라에서 필요한 시간 동안 정치 활동을 행하지 않는 자는 법의 규정을 따라야 한다. 아리스토텔레스는 여기서 사람이 아닌 법의 지배를 언급한다. 인치人治가 아닌 법치法治는 독재정 방지의 수단이자 합리적 통치 기반과 민주주의 발전의 교두보이다. 하지만 현대 민주주의 사회에서도 법치가 명목에 불과한 경우가 많다. 대통령과 그의 측근들을 정치적 진리의 화신인 양 우상화하다 못해 이들에 대한 수사와 판결마저 자신들의 뜻에 맞지 않으면 부정하는 듯한 태도를 보이는 행태는 법치는 명목일 뿐이고 실제로는 인치가 이루어지는 듯한 인상을 자아냈다.

아리스토텔레스가 여성과 노예를 정치 참여에서 배제한 것은 신분제를 인정하는 전근대적 발상이라 평할 수 있다. 그러나 1980년대 민주화 운동 시기에 사용했던 투쟁 기술을 재활용하여 여론을 왜곡하고 갈라치기 하는 수법은 신분제 옹호에 못지않게 비이성적이다.

아리스토텔레스는 시민들 사이에서 정치적 권리와 의무를 공정하게 분배하여 국체의 평온을 유지하는 것을 정치의 목적이라고 주장했다. 그는 한 인간이 본성적으로 자율적이냐의 여부에 따라 시민권의 자격이 결정된다는 입장을 취했다. 아리스토텔레스의 논의에 대해 신분제를 운운하기 전에 인민의 정치적 자율성과 여론 조성의 자유를 침해하고 왜곡한 것 자체가 반민주적이라는 점을 지적해야 한다. 패거리를 연상케 하는 586 운동권 출신 정치인들의 행태는 조폭 집단의 분위기를 연상케 한다.

최소한 자기 보호에 관심이 있다면 권력의 소유자가 누군지에 대해 주목할 수밖에 없다. 트로츠키는 "당신은 정치에 무관심하다고 말하지만, 정치는 당신에게 관심을 기울인다."라고 말했다. 이런 점에서 고대 아테

네인들 또한 정치에 전혀 관심이 없었다고 단정할 수 없다. 부와 사회적 지위 유지를 위해 참정권 제한을 요구했던 유산 계급과 자위권 확대를 꾀했던 하층 계급 사이의 정치적 투쟁의 산물이 아테네 민주정의 역사였다. 펠로폰네소스 전쟁과 30인 과두정은 폭력과 갈등을 증폭시켰다. 뒤이어 회복된 민주 정체하에서는 소크라테스가 독살 형에 처해졌다. 아리스토텔레스는 온화한 인간이 시민이 되고 제도화된 메커니즘이 급격한 사회 갈등을 중화하기를 기대했다. 이는 아리스토텔레스가 강조한 중용의 미덕과 관련이 깊다. 특정 정치인에 대한 맹목적 충성도가 뛰어나고 과격한 주장을 일삼는 인간을 깨어 있는 시민으로 지칭하고 법규나 제도보다는 SNS나 거리에서의 위세가 주목을 받는 상황은 혼란을 넘어 정치의 실종 상태라 할 만하다.

갈등 조정의 예술이라 할 수 있을 정치가 부재한 곳에서는 선전·선동이 판을 친다. 이른바 '참여 민주주의'의 사회적 확장은 정치의 과잉에 동반된 정치의 실종과 정치 불신의 확대를 불러왔다. 586 운동권 출신 정치인과 이들의 견해를 대변하며 왜곡된 여론의 확산을 주도했던 정치 유튜버를 포함한 각종 언론 매체들이 이러한 분위기를 강화한 것은 굳이 상술할 필요가 없다.

아리스토텔레스는 통치 능력은 소수의 사람만이 소유하지만 그렇다고 이러한 능력이 세습된다고 보지는 않았다. 그는 통치 역량을 소유한 소수의 귀족을 그러한 능력이 부족한 다수의 서민이 선출하는 정치 체제를 상정했다. 그는 정치 권력을 개인이나 특정한 집단의 이익이 아니라 공공선에 이바지하는 방식으로 활용해야 올바른 정치 체제의 형성을 기대할 수 있다고 주장했다. 아리스토텔레스는 왕정, 귀족정, 민주정이 이러한 기준에서 벗어날 때 참주정과 과두정, 중우정과 같은 오류의 정치 체제가 등장한다고 보았다. 젊은 시절 한때의 민주화 투쟁 참여 경험이 이렇게 오랫동안 특정 세대 정치인들의 승승장구를 보장하는 훈장이 될지 누가 알았겠는가? 이들에겐 미안한 얘기지만 동아리 모임과 같은 친소 관계에 바탕을 두고 정치적 이권 추구의 대의(?)로 결집한 집단의 구성원들에게 검증된 통치 능력을 기대하기는 힘들다. 공공선이나 공공의 복리는 저버린 지 오래이니 민주정을 가장한 중우정이 판치는 것은 당연지사가 아닐까?

아리스토텔레스는 협의의 민주정$^{narrow\ democracy}$과 확장된 귀족정이 정체政體의 오류를 바로잡을 수 있을 것이라 간주했다. 협의의 민주정은 클레이스테네스^{Cleisthenes}가 주창한 민주정보다 훨씬 더 협소한 형식의 민주정이다. 확장된 귀족정은 출신이나 재산의 정도에 따라서 통치권 행사를 제한하는 과두정보다는 폭넓은 귀족정을 의미한다. 여기서도 아리스토텔레스의 중용론이 적용된다. 책임지지도 못할 과격한 구호보다는 최소한의 균형 감각을 발휘하여 목전의 갈등을 사리에 맞게 해결하는 편이 합리적 정치에 가깝다. 민주주의의 내용적 수준도 중요하지만 이념의 양극화가 극심한 현실에서는 갈등의 중재와 타협을 위한 중용의 미덕이 더욱 절실하다.

스토아적 삶과 86세대의 위선

"침묵 또 침묵하여 발걸음이 당신의 빛이 되게 하게나." 스토아 철학자 클레안테스^{Cleanthes}의 말이다. 번드르르한 말보다는 행동, 즉 실천으로 선을 실현하라는 뜻이다. '사람이 먼저다', '기회는 평등하고 과정은 공정하며 결과는 정의로울', '한 번도 경험해 보지 못한 나라'를 만들겠다는 문재인 전 대통령의 약속은 새로운 정부가 들어선 지금 무의미하고 공허한 메아리로만 남았다. '미안하고 고마운' 세월호 희생자들을 위한 진상 규명 약속을 제대로 지키지도 못했으면서 서해에서 피살된 공무원을 개인 채무에 의한 자진 월북으로 몰고 간 행태는 여러 사회 구성원들에게 적지 않은 실망감을 안겨 주었다.

국가의 존립 근거가 국민의 생명과 재산, 안전을 보장하는 데 있다는 것은 정치적 입장과 무관한 자명한 사회적 진리이다. 정치 권력의 절대성을 리바이어던^{Leviathan}이라는 무시무시한 괴물에게 부여했던 토머스 홉스$^{Thomas\ Hobbes}$조차 정치적 계약의 전제 조건으로 상기의 내용을 들었다. 2019년 11월, 지방의 한 대학교에서 정부를 비판하는 내용의 대자보를 붙인 20대 초반의 청년을 '건조물침입죄'로 약식 기소한 것까지 모자라 1심에서 벌금형까지 구형한 사법 당국의 행태는 표현의 자유와 관련하여 수많은 사회적 논란을 불러일으켰다. 촛불 혁명을 실행하는 정부라 자임하며 적폐 청산과 민주주의의 진전, 북핵 위기 극복과 통일 분위기 확대 조성을 입버릇처럼 되뇌었던 문재인 정권은 아름다운 말만 양산했을 뿐 실천을 통해 성과를 산출한 적이 거의 없었다.

'기대가 크면 실망도 크다'고 문 정권의 거짓과 위선은 사회적 약자와 분단 체제의 희생자 모두의 가슴에 실망과 증오의 불만 지핀 셈이다. 이들은 180석에 달하는 국회 의석을 거머쥔 2020년 총선의 승리에 도취해 지나친 오만과 독선으로 국정을 파탄에 이르게 했다. 특히 선전·선동에 능한 586 운동권 출신 정치인들은 적과 동지 간의 명확한 구분을 바탕으로 갈라치기와 끊임없는 '내로남불'을 염불처럼 읊어 대면서 우리 사회를 분열과 정쟁의 도가니로 몰아넣었다. 여론 조작과 무모한 정쟁에 염증을 느낀 중도 우파를 중심으로 정권 교체가 이루어졌으나 여소 야대의 정국 속에서 여전히 이들은 맹위를 떨치고 있다. 사태가 급박할수록 기본에 충실하라고 했듯이 도덕 철학의 근간이 되는 스토아 철학에 관심을 집중할 시점이다. 진실은 지극히 단순한 논리의 외피를 하고 있는 경우가 많다. 상식적 수준의 도덕·윤리 관념에 가까워 보일지라도 스토아 철학이 설파한 지혜의 말씀에 귀 기울여야 할 이유이다.

"인간이란 운명이 정해 준 역할을 흔쾌히 맡는 배우"라고 아리스토$^{\text{Aristo of Chios}}$는 말했다. 아리스토는 스토아 학단에서 이단으로 취급받으며 추방된 자였다. 그는 정해진 행동 지침보다는 체화된 덕성에 따른 당사자의 적극적 실천으로 가치 있고 행복한 삶을 영위할 수 있다고 확신했다. 아리스토의 논의는 계율이나 규칙에 얽매이지 말고 거침없이 덕을 실천하라는 말로 요약할 수 있다. 청년기의 민주화 투사가 시간이 지나 중도 자유주의 정당의 국회 의원으로 활약하며 직업 정치인의 길을 걷지 못할 이유는 없다. 젊은 시절의 마르크스주의자가 사회 활동을 통해 여러 경험을 축적한 후 우파 자유주의자로 변모한 것을 비난할 이유는 없다. 상황에 따른 변화의 이유를 떳떳이 밝히고 미래의 청사진을 명확히 제시하는 진솔함을 내비친다면 오히려 정치인으로서의 인기는 더욱 올라갈 수도 있다. 상황에 충실하되 진실된 태도를 견지하는 것이 맡은 바 배역에 충실한 삶일 것이다. 그러나 과거의 급진적 정치 성향을 민주화 운동의 일환으로 대충 얼버무리고 극렬 지지층의 여론 조작에 부화뇌동하며 진영 논리의 선봉에 서는 피동적 입장에서 탈피하지 못한다면 그것은 자신의 존재성을 부정하는 일이다. 공신력 있고 검증된 정치 철학에 바탕을 두고 일관된 정치 행보를 보이기보다는 이권과 권력 유지에 관심을 집중하는 것은 운명이 정해 준 배역을 거부하는 일이다. 모순된 현실을 타파하는 혁명이 아니라면 운명에 맞설 일은 없다. 운명을 거부하는 것은 순리를 거스르는 것이기 때문이다.

크뤼시포스^{Chrysippos}는 철학을 이성의 올바름을 함양하는 행위로 규정하였다. 그는 다음과 같이 말했다. "현자는 자신의 손에 떨어지는 것을 뭐든 사용할 수 있지만, 아무 것도 원하지 않는다. 하지만 어리석은 자는 필요한 게 없어도 모든 걸 원한다." 86세대로 지칭되는 운동권 출신 정치인들은 무엇 때문에 그 험악한 정계에서 국민들에게 욕먹어 가며 지금도 꿋꿋이 버티고 있는 것일까? 6월 항쟁 이후 민주화가 진척되고 수평적인 정권 교체까지 이뤘으니 학생 운동 시기의 희생도 사회적으로 어느 정도 보상되었다고 볼 수 있다. 그 시절의 의장님들은 30대 후반에서 40대 초반 사이에 금배지를 달기 시작해 지금까지 권력의 상층부에서 활동하고 있으니 그만하면 성공한 인생이 아닌가 한다. 모든 국회 의원의 꿈은 대통령이므로 아직 웅대한 꿈을 실현하지 못했다고 할 수 있으나 희생의 대가치고는 이들이 누린 혜택은 결코 적지 않다. 도덕적인 수양이 지극하여 권력이나 이권에 휩쓸리지 않는 도인이 되기는 힘들어도 무한 경쟁 사회에서 스스로 밥벌이를 할 수 있을 만한 실용적 능력이라도 계발했어야 옳다. 대학 시절에는 데모하느라 학과 공부는 등한시했을 테니 전공 지식이 대단한 수준일 리는 만무하고, 사회 운동가를 거쳐 정계에 진출하고부터는 눈코 뜰 새 없는 스케줄에 치여 정치 공학적 처세술 빼고는 내공을 쌓기가 쉽지 않았을 것이다. 진정성보다는 연출된 이미지에 집착하다 보니 이성을 올바로 활용하고 가진 것에 만족하는 스토아적 삶을 살아가기는 어려웠을 것이다. 이들은 필요 이상으로 욕심을 부려 20년 이상 기득권 세력의 범주 내에 있으니 현자보다는 어리석은 이에 가까워 보인다. 현대의 대의 민주주의 체제가 유산가와 엘리트 정치인 중심의 과두정이라 전제한다면 다수의 인민들은 우둔한 이권 추구자들의 지배하에 놓여 있는 셈이 된다. 조지 오웰$^{George\ Orwell}$이 『동물농장』이라는 정치 우화 소설을 통해 그럴듯한 이념으로 포장된 독단적이고 타락한 권력의 모순을 신랄하게 풍자했던 상황이 연상된다.

스토아 철학의 창시자 키티온의 제논$^{Zeno\ of\ Citium}$은 "삶의 목표는 자연과 조화를 이루고 덕을 추구하며 사는 것이다. 자연은 우리를 덕으로 이끌기 때문이다."라고 했다. 우주의 질서에 상응하는 순리적 삶을 목표로 설정했던 스토아 철학은 용기, 절제, 정의, 지혜의 덕목을 중시했다. 세네카^{Seneca}는 스토아학파만큼 친절하고 온유하며 인류에 애정을 가지고 공익에 관심을 기울이는 학파도 없다고 했다.

노예 출신의 스토아 철학자 에픽테토스^{Epictetus}의 이름은 희랍어로 '획득한 것'을 뜻한다. 터키 남부 히에라폴리스에서 노예 신분으로 태어난 에픽테토스는 서른 살이 되지 않은 노예의 해방을 금지한 센티아법$^{Lex\ Sentia}$으로 인해 청년기까지 노예 신분으로 살았다. 그는 노예 생활 기간 중 다리를 다쳐 평생을 다리를 절며 지냈다. 그는 "절뚝거림이 다리엔 장애가 될지언정 내 의지까지 절뚝거리게 하지 못한다."라고 일갈했다. 에픽테토스는 "철학을 설명하려 들지 말고 나의 일부가 되게 하라."라고 하면서 지행합일과 실천의 철학을 강조하였다. 그는 정념에 지배받는 삶을 예속적이고 부자유한 삶이라고 보았다. 그에겐 이성, 즉 자연의 질서를 따르는 삶이 자유로운 삶이었다. 자유를 실현하기 위해서는 정신적이고 내면적인 삶을 영위해야 하고 자신을 지배하지 못하는 자는 자유롭지 않다고 주장했다.

로마의 전성기를 이끈 황제이자 스토아 철학의 대가이며 『명상록』의 저자로도 유명한 마르쿠스 아우렐리우스$^{Marcus\ Aurelius}$는 지금까지도 인구에 회자되는 수많은 명언들을 남겼다. "날이 밝았는데도 잠자리에서 일어나기 싫을 때는 자연과 본성이 정한 삶의 목적은 다른 사람과 함께 일하는 것이라는 점을 떠올려라."와 같은 말은 자연의 순리를 따르는 삶은 평등한 조건에서 사회 구성원들이 상호 협심하여 공적인 업무를 추진해야 한다는 뜻으로 해석된다. 경제적 여유가 있고 막강한 권력을 가진 사람들이 부와 권력을 자신의 안위와 편의만을 위해 활용한다면 사회의 안정과 통합을 기대하기는 힘들 것이다. 굳이 노블레스 오블리주$^{noblesse\ oblige}$를 들먹이지 않더라도 평등과 공정, 정의는 사회 안정과 발전을 보장하는 필수적 덕목이다. 국론을 한없이 분열시키고 정권 교체의 발단이 되었던 조국 사태 때 다수의 국민들이 실망을 넘어 분노의 감정을 표출했던 이유가 바로 여기에 있다. "어떤 사람이 선한 사람인지 이야기하는 데 시간을 낭비하지 말고 스스로 선한 사람이 되어라."라는 말은 SNS에 온갖 멋지고 이상적인 말만 잔뜩 올렸다가 예전의 진술에 자신의 언행이 비판의 대상이 되는 이른바 내로남불의 행태를 지적하는 격언으로 적절하다. 말은 쉽지만 정작 실행은 어려운 법이다. 화려한 수사와 정치한 논리보다는 믿음직한 실천이 중요하다. "인생은 전쟁이고 낯선 땅에 머무는 여정이다." 시적 감흥까지 불러일으키는 이 격언은 재위 기간 중 수많은 전쟁과 재해에 시달렸던 아우렐리우스의 삶을 집약하고 있다고 해도 과언이 아니다.

  아고라의 연이어진 채색 회랑 사이에서 철학을 논한 데서 명칭이 유래한 스토아 철학은 이성을 적극적으로 발휘하여 정념에 물들지 않는 금욕과 절제의 삶을 살아갈 것을 강조하였다. 스토아 철학은 신체, 재산, 사회적 지위 등 개인의 역량으로 제어할 수 없는 영역에는 관심을 거두고 사고나 충동, 욕구 등 이성으로써 통제 가능한 영역에 초점을 맞추는 것을 행복의 첩경이라고 보았다.

각박하고 혼란한 시대에는 내면의 정념을 이성으로 통제하여 심적 평정 상태에 이르는 길을 모색하려는 경향이 강하다. 스토아 철학은 알렉산드로스Alexander the Great의 동방 원정으로 그리스와 동방의 다양한 문화가 융합된 헬레니즘 시대를 역사적 배경으로 한다. 폴리스라는 폐쇄적 공간에서 벗어나 더욱 확장된 삶의 범주는 개인주의와 보편주의, 세계 시민주의적 성향이 강화되는 계기로 작용했다. 그러나 이에 못지않게 급격한 사회 변동에 따른 병리학적 심리가 염세주의와 현실 도피주의적 성향으로 구체화되기도 했다.

상대주의와 미래에 대한 불안의 심리가 강화되던 상황에서 정념에서 자유로운 심적 평정 상태를 가리키는 아파테이아apatheia라는 개념이 강조될 수밖에 없었다. 새로운 패러다임의 도래를 맞이하는 사회 구성원들의 몸가짐과 혼돈의 사회 분위기가 중첩된 상황은 예나 지금이나 크게 다를 바 없다. 그러나 경제적 이권과 정치적 패권 추구에 혈안이 된 선동가들이 설치는 현실은 과거와 명확히 구별된다. 어지러운 상황에서 내면의 평정을 추구하는 게 아니라 개인과 특정 집단의 이익을 위해 도리어 특정 이슈를 선점하여 이를 증폭·조작하는 움직임이 강화되고 있으니 불난 곳에 기름을 들이붓는 격이라 할 만하다.

공공의 복리를 확충하려는 공화주의적 열정이 아니라 개인과 계파의 이익 추구에만 혈안이 된 극렬한 생존 투쟁이 전 사회에 만연해 있다. 지배와 독점을 위한 탐욕으로 가득 찬 사회 분위기 속에서는 민주주의가 활성화되기 힘들다. 민주주의는 대화와 타협, 정책을 중심으로 한 선의의 경쟁을 전제로 하기 때문이다. 우리 사회에 현존하는 극렬 팬덤 정치 집단을 집단 지성이나 사이버 민주주의로 포장할 수는 없다. 이들은 여론몰이와 욕설, 사이버 폭력을 일삼는 현대판 파시스트에 가깝다.

시대를 거듭할수록 변화의 폭과 속도가 큰 현대 사회의 분위기를 고려하면 "인생은 전쟁이고 낯선 땅에 머무는 여정"이라는 아우렐리우스의 말이 허언이 아님을 직감할 수 있다. 그러나 전쟁을 굳이 적을 무력으로 굴복시키기 위한 사생결단의 폭력 행위에만 국한할 필요는 없다. 세상이라는 낯선 땅에 잠시 머물다 가는 것이 우리네 인생이라면 우리의 언행은 신중하고 조심스러울 수밖에 없지 않을까 한다.

이성적 영혼에서 도출된 자유 의지를 적극적으로 발휘하여 자신의 정념을 제어하는 삶은 겸허와 용기의 덕성이 적절히 조화를 이룰 때 실현된다. 바꿀 수 없는 것은 겸허히 수용하되 바꿀 수 있는 것은 과감히 변경하는 용기를 발휘하는 것이 스토아적 삶을 지칭한다 할 수 있겠다. 겸허의 덕성과 용기 있는 실천이 조화를 이루는 삶은 스토아 철학에서 이야기하는 자연의 순리에 상응하는 삶이다. 가치관의 대립과 진영 간의 정쟁이 극심한 한국의 정치 현실에서 합리적 낙관주의로 평가할 수 있을 스토아 철학이 소중한 지적 자산으로 평가되는 이유이다.

키케로와 그들의 공화국

로마의 정치인이자 철학자였던 키케로는 공화주의 정치 이론의 비조로 평가된다. 그는 공화주의의 어원을 레스 푸블리카$^{res\ publica}$, 즉 '공공의 것'에서 찾았다. 공공의 복리를 증진하기 위한 정치 체제가 공화국인데, 조금 더 구체적으로는 레스 포풀리$^{res\ populi}$, 즉 인민의 국가가 바로 공화국이라는 것이다. 따라서 키케로는 인민이 국가, 즉 공화국을 소유하지 못하면 국가는 존재하지 않는다고 했다. 이것은 정의 없는 국가는 거대한 강도 떼에 불과하다는 아우구스티누스의 논의를 예비했다. 아우구스티누스는 로마 제국 말기에 활동한 신학자로 향후 중세 천년을 이끌 기독교 철학의 기틀을 마련한 인물이다. 키케로는 타락한 국가는 공화국이 아니라고 했다. 그는 공공의 선$^{common\ good}$을 실현하는 것이 이성에 따라 행복을 추구하는 행위라고 이야기했다. 키케로는 스토아적 성향의 자연법 이론을 개진했다. 법률은 올바른 이성의 평결이라는 언사는 이러한 경향을 대변한다.

인류의 자연적 사회성을 강조한 대목은 개인의 이익이 아니라 공동체의 이익을 중시하는 키케로 공화주의 정치사상의 일면이라 할 수 있다. 지혜, 정의, 용기, 절제의 덕성을 강조한 측면은 플라톤을 연상케 한다. 양자 간의 차이는 플라톤이 철학자 왕을 언급하면서 철학적 관조를 중시한 반면, 키케로는 이론적 지식보다 공동체에서 현명한 활동을 솔선하는 삶을 우선시했다는 점이다.

키케로는 각자의 몫을 정당하게 당사자에게 배분하는 것을 정의로 규정했다. 여기에 따르면 자신의 소유가 아닌 것을 횡령하는 것은 불의이다. 또한, 자신의 몫이라 해도 선행을 위한 미래의 잠재적 역량을 위험스럽게 하는 것 또한 정의의 관념에 위배된다. 키케로식 정의론에 따르면 타인의 평가에 예의 주시하고 명예롭고 품위 있는 행동을 하는 이가 정의를 실현하는 자이다.

키케로는 레굴루스$^{Marcus\ Atilus\ Regulus}$의 예화^{例話}를 인용하면서 로마적 덕성을 선양하고 강조했다. 예화의 내용은 다음과 같다. 국가의 최고 행정관이라 할 수 있는 집정관 출신 레굴루스가 포에니 전쟁 때 카르타고로 포로로 끌려갔다. 그 후 그는 평화 협정 체결의 임무를 띠고 고국인 로마로 간다. 협정 체결에 실패하면 카르타고로 귀환하겠다는 약속을 한 레굴루스는 로마인들에게 카르타고에 맞서 끝까지 싸울 것을 권고하고 약속 이행을 위해 카르타고로 돌아와 고문 끝에 죽음에 이른다. 키케로가 레굴루스를 칭송한 것은 전직 로마 고관으로서 조국에 대한 애국심을 실천함과 동시에 포로의 의무와 약속 모두를 이행했기 때문인 것으로 보인다. 자신에게 부여된 공적 의무를 개인의 이익과 무관하게 충실히 수행한 것은 키케로가 강조한 로마적 덕성과 상통한다.

키케로는 이성과 신적 의지의 연관성을 지적했지만, 이것은 철학자들의 수칙이 아니라 가족과 친구, 공동체의 여타 구성원들에게 행해야 할 선행의 지침이었다. 플라톤은 수준 높은 철학적 담론의 차원에서 덕성을 언급했지만, 키케로는 일상에서 완수되어야 할 정의의 실현이라는 실질적 관점에서 정치적 덕성을 논했다. 관점에 따라서는 소박한 정의론이라 할 수도 있겠지만, 키케로의 정치 철학이 지금까지도 인구에 회자되는 이유는 일상에 밀착된 현실적 정의론에 바탕을 두고 있었기 때문인지도 모른다.

우리나라 헌법 1조 1항은 대한민국을 민주 공화국으로 규정하고 모든 주권은 국민에게 있다는 점을 명확히 하고 있다. 키케로가 공화국의 어원을 레스 푸블리카라고 규정했듯이, 공화정 체제에서 국가는 인민의 재산으로 간주된다. 정리하면 공화국이란 공공의 복리를 증진하기 위한 목적성을 갖는 인민의 국가를 지칭한다.

인민이 주인인 공화국은 당연히 한 사람에게만 정치 주권이 부여되는 전제 왕정과는 확실히 구별된다. 민주주의를 실현하는 가장 효과적인 정치 체제로 공화정이 각광받는 이유일 것이다. 물론 왕이 존재한다 해도 영국을 위시한 유럽 선진 국가처럼 민주적 헌정에 따른 왕정, 즉 입헌 군주정을 채택한 국가 또한 민주주의를 추구하는 나라라 할 수 있을 것이다. 나라마다 상이한 역사적 전통으로 인해 정치 체제를 중심으로 민주주의의 수준을 평가하기는 어렵지만, 신분제가 철폐된 공화정이 최소한 제도적으로는 민주정에 근접해 있는 정치 체제임은 분명하다. 3대 세습의 유일 왕조 체제인 북한조차 국명을 조선 민주주의 인민 공화국으로 설정한 것을 보면 공화정의 체제 우월성은 어느 정도 증명이 된다.

타락한 국가나 정의가 실현되지 않는 국가는 공화국이 아니라는 키케로의 언명을 곱씹어 보자. 국가는 무엇 때문에 타락할까? 대의 민주정에서는 주권자인 인민의 정치적 대리자라 할 수 있을 대통령이나 국무 위원, 국회 의원들이 인민의 정치적 의사를 제대로 반영하지 않고 개인의 영달이나 자기 당파의 이익에 따라 정치 행위를 수행하면 국가는 타락의 나락에 빠질 것이다. 다수 인민의 이익이라 할 수 있는 공공의 복리를 저버리는 정치 행위는 부정부패와 엽관주의, 여론 조작을 통한 포퓰리즘을 불러일으키기 쉽다.

정의가 제대로 실현되지 않는 이유는 무엇일까? 공화정은 인민의 정치적 의사를 적극적으로 반영하고 국가 공동체의 복리를 증진시키기 위해 철저한 법치에 기반을 둔다. 법에 의한 통치는 특정 개인이나 유력 정치 세력의 당파성만을 중요시하는 인치^{人治}, 즉 사람에 의한 통치를 배제한다. 공론장에서의 자유로운 토론과 인민의 동의에 의해 제정된 법률을 기준으로 통치 행위가 이루어지는 것이 공화정의 요체이다. 공화국은 인민의 국가이기 때문이다. 따라서 공정한 법치가 이루어지지 않을 경우에는 정의가 실현될 수 없다.

  키케로는 합리적인 이성의 명령에 따라 행복을 추구하는 행위가 공공선을 실현할 수 있다고 이야기했다. 편파적인 진영 논리로 인민의 이성적이고 합리적인 의사소통과 여론 조성 행위를 왜곡하는 것은 공공선을 저해하는 행위이다. 정치적 이권을 둘러싼 저급한 권력 투쟁만 난무하여 공공선의 실현이 요원한 이상으로 여겨지는 정치 풍토에서는 공화정의 정신이 살아남기 힘들다.

  원론적이고 추상적인 수준에서 공화정을 논의했지만 '촛불 혁명' 정신을 실현하겠다고 장담한 문재인 정권은 위에서 언급한 공화주의 정신에 얼마나 부응한 정치를 했는지 묻지 않을 수 없다. 거의 모든 정치 개혁 담론을 검찰 개혁으로 환원하고 부패와 경제 부문을 제외한 검찰의 기존 수사권을 모조리 박탈한 이른바 '검수완박' 법안만 기억에 남는다.

  문재인 정권을 세 시기로 요약하면 다음과 같다. 사실상 다음의 세 가지밖에는 딱히 한 게 없어 요약이라는 말이 가당치 않다. 그러나 적당한 용어가 없어 편의상 요약이라는 말을 그대로 쓴다. 정권 초기에는 특수통 검사를 앞세워 적폐 청산이라는 명목으로 지난 시기 보수 정권 수뇌부에 칼날을 들이대다가 이른바 '조국 사태'를 기점으로 검찰 개혁에 사활을 걸더니 막판에는 검수완박 법안 강행 처리로 끝났다. 적폐 청산, 검찰 개혁, 검수완박이 문재인 정권이 보여 준 정치 역정의 전부라 할 수 있다.

  지난 정권의 핵심 관계자들은 적폐 청산의 명목으로 특수부 칼잡이 출신 검사들이 검찰의 요직을 차지했을 때는 갈채를 보내다가 적폐 처단의 칼날이 자신들에게 겨눠지자 배은망덕이니 항명이니 쿠데타니 하며 하루 아침에 태도를 바꿨다. 여기에는 미움받을 일은 부하에게 떠넘기고 인기 얻을 일만 친히 한다는 마키아벨리의 군주처럼 중대 현안에 대해 침묵으로 일관한 대통령의 책임이 가장 크다. 권력 의지 없이 친구에 대한 우정과 국민의 열망으로 대통령이 되었다손 치더라도 대통령은 무한한 책임을 지는 자리이니 억울해도 어쩔 수 없는 노릇이다.

한국 정치의 미래를 생각할 때 무책임한 대통령보다 더욱 분노심을 유발한 것은 집권 여당 586 출신 정치인들이 보인 저급하고 야비한 행태였다. 이들은 철 지난 민족주의 소환과 여론 갈라치기, 상대 진영에 대한 악마화 공작으로 일관하며 국민을 선동하고 여론을 조작하는 반민주적 폭거를 자행했다. 자당의 지지자들을 결집하고 오직 정권 보위와 자기 보신에만 혈안이 된 채 팬덤 정치와 최악의 포퓰리즘을 우리 사회에 뿌리내리게 했다. 이들은 극렬 지지층이나 시도 때도 없이 음모론을 전파하는 어용 스피커들과 긴밀히 공조하며 반독재 항쟁 시기에나 써먹었을 법한 구닥다리 투쟁 논리로 적과 아군을 명확히 구분했다. 망국적인 진영 논리를 앞세워 부동산이나 고용, 빈부 격차, 가계 부채 등 민생과 관련된 현안은 더욱 악화시킨 채 모든 정치적인 의제를 소름 돋는 정치 투쟁으로 환원하였다. 승리를 장담했던 치열한 정치 투쟁의 결과는 다수의 86세대 정치인들에게는 애증의 대상이자 7개월짜리 정치 신인에 불과했던 윤석열의 대통령 당선이었다. 86세대 용퇴론에 내부 총질을 운운하며 적반하장의 극치를 보이는 이들은 공화국의 정치인이 될 자격이 없다. 가야 할 때를 알고 떠나는 이의 뒷모습은 아름답다고 했지만, 이들은 전혀 떠날 기미를 보이지 않으니 아름다운 사람으로 기억되기는 어려울 것 같다.

아우구스티누스의 『신국론』과 당신들의 천국

로마 제국 말기에 활동한 아우구스티누스는 플라톤을 중심으로 한 그리스 철학을 기독교 사상에 접목하여 초대 교회의 신학 사상을 풍요롭게 한 인물로 평가된다. 그의 철학은 중세 천년을 지배한 기독교 신학의 기초를 마련했을 뿐만 아니라 16세기부터 본격화된 종교 개혁의 이념적 근거로도 활용되었다. 『신국론』은 그의 대표적 저작 중 하나로 신학적 관점에서 서술한 정치 이론서이다.

아우구스티누스는 『성경』의 「창세기」에 나오는 예화를 인용하면서 인간의 원죄론을 정립하고 제한된 수준의 자유 의지론을 설파했다. 그는 원죄를 부정하고 구원을 위해 인간의 자유 의지를 적극적으로 긍정했던 펠라기우스^{Pelagius}의 논의를 공박했다. 아우구스티누스는 자유 의지의 근간인 인간의 이성은 자신의 행동을 선악의 관념에 비추어 선별하는 능력을 지칭할 뿐이라고 생각했다. 그는 그 어떤 이교도 정부도 키케로가 이야기하는 정의를 실현시킬 수 없다고 보았다. 이교도 정부는 신의 전지전능한 역량을 부정하고 신에게 바쳐져야 할 경배를 전혀 고려하지 않기 때문이라는 것이다.

아우구스티누스는 인간이 정치 집단을 형성하는 원인은 지배나 정복의 욕망$^{libido\ dominandi}$에 있다고 보았다. 이처럼 국가는 보편적 정의에 기반을 두지 않고 세속적 이익 추구를 중시하기 때문에 불완전한 속성을 띨 수밖에 없다. 그러나 그는 세속 정부의 존재를 완전히 부정하지 않았기 때문에 하나의 해결책을 제시했다. 아우구스티누스는 사랑의 감성으로 오만의 감정과 연결된 명예욕을 제어하고 조정한다면 현존하는 세속의 정치 공동체를 질서 있고 안정적으로 이끌어 나갈 수 있을 것이라 전망했다.

악은 선의 상실과 결여일 뿐 자족적인 의미를 띠지 않는다. 『고백록』에서 아우구스티누스는 이웃집 과수원의 배를 훔친 청소년기의 기억을 상기한다. 그는 배가 먹음직스럽지 않았기 때문에 배를 훔친 동기는 배를 먹기 위한 것이 아니었음을 밝힌다. 그와 동료들은 나무에서 배를 따서 돼지에게 던져 주었다. 아담의 행위를 아담이 사과를 간절히 원해 선악과를 딴 게 아니라 신이 인간에게 부여한 율법을 위반하기 위한 목적을 띤 의도된 악행으로 평가할 수 있듯이, 배를 훔친 것은 단순히 사악한 욕망에서 비롯된 행위였다는 것이다.

아우구스티누스는 미약하고 불완전한 인간이 정치적 박해를 견디지 못한 배교자를 정죄하고 교회 공동체에서 추방할 수는 없다고 보았다. 그는 순수 신앙주의를 주창하며 배교자를 용서해서는 안 된다는 주장을 펴던 도나투스주의자^{donatist}들을 공박했다. 아우구스티누스는 관료의 도덕적 순수성보다 세속 정치 전반에 성령이 널리 깃들기를 기대했다.

「마태오 복음」 22장 21절에는 "황제의 것은 황제에게 돌려주고, 하느님의 것은 하느님께 돌려드려라."라는 예수의 전언이 등장한다. 이것은 종교적인 것과 세속적인 것의 구분과 세속 권력에 대한 복종을 정당화하는 구절로 인용된다. 아우구스티누스 또한 이러한 관점을 받아들이면서 그리스도의 가르침에 위배되지 않는 한 세속 권력에 복종해야 함을 강조했다. 인민은 폭군 방벌의 명목으로 반란을 일으켜서는 안 되고 체제의 안전과 평화를 해치는 행위에 관여해서도 안 된다는 것이다.

아우구스티누스는 하느님이 창조한 현세를 부정하는 것은 신성 모독이기 때문에 인간의 육체를 비난하는 것 또한 죄악에 해당한다고 보았다. 로마 설화에서 육체적 순결을 강탈당했다고 자살한 루크레티아^{Lucretia}의 행위를 비판한 것은 이와 같은 이유에서였다. 명예를 지키기 위한 명목이라도 자살은 살해와 다르지 않기 때문에 숭배되거나 슬퍼할 일이 아니라는 것이다. 사회의 억울한 평판에 대해 개인의 순결을 증명해 보이기 위해서나 모욕과 수치를 견디지 못해 자살로 생을 마감하는 사람이 증가하는 현실을 고려하면 이를 종교적 교의 정도로 가볍게 치부하고 넘어갈 일은 아니다. 아우구스티누스의 말처럼 자살이 신성 모독적 죄악이 아니라 해도 자살이 속죄와 동일시되기는 힘들기 때문이다.

아우구스티누스는 재산을 비롯한 지상의 사물을 관리하고 지성을 활용하여 장기적인 복리를 지상에서 실현하기 위해서는 세속 정부가 필요하다고 역설했다. 고트족의 로마 침략을 경험했던 아우구스티누스는 로마 약탈과 같은 재난은 신앙인과 이교도 모두에게 닥친다고 생각했다. 인간의 지성은 누가 구원받을지, 누가 현세에서 고통을 받을지에 대해 무지하다는 것이다.

아우구스티누스에 따르면 기독교를 신봉하지 않는 무신론 국가는 국가가 아니고 유일신을 숭배하지 않는 시민은 시민이 아니다. 『신국론』이라는 저서의 제목이 시사하듯, 아우구스티누스는 인간이 만든 세속 정부를 지상의 왕국, 신이 다스리는 천국을 천상의 왕국으로 구분했다. 그는 천상의 왕국에 거주하는 사람만이 진정한 시민의 자격을 부여받을 수 있다고 단언했다. 그러나 지상의 왕국에서도 지성과 사랑을 통해 제한적이나마 정의가 실현될 수 있다는 것이 아우구스티누스의 지론이었다. 천상계와 지상계는 엄연히 구별되지만, 불완전한 인간의 의무는 체념과 방만이 아니라 지상의 왕국에 최대한의 정의가 살아 숨 쉬게 하는 것이었다.

아우구스티누스는 현세의 국가를 강도 집단이라 규정했다. 그는 해적과 알렉산드로스 대왕의 대화를 인용한다. 알렉산드로스가 해적에게 묻는다. "왜 해적질을 일삼느냐?" 해적이 답한다. "저는 배 한 척으로 물건을 약탈하고 사람들의 생명을 빼앗았기에 해적이라 불리지만, 폐하는 수많은 배로 저와 똑같은 행동을 했음에도 영웅이라 칭송받습니다." 아우구스티누스는 국가를 거대한 강도 떼에 비유했지만 지상의 왕국에서도 제한된 선이 충분히 실현될 수 있다고 보았다. 그는 지상의 왕국은 불완전하지만 현실적 삶을 위해서는 반드시 필요하다고 생각했으며 현존하는 정치 체제에 대한 신민의 복종 의무를 강조했다. 겁쟁이 주교라 해도 주교의 자질을 문제 삼지 않고 신도들이 그의 성사 집행을 따르듯이 세속 군주가 악한 자라 해도 백성은 그에게 복종의 의무를 다해야 한다는 것이다.

아무리 악한 군주라 해도 그가 통치자인 이상 복종의 의무를 다해야 한다는 논리는 히틀러나 스탈린, 전두환, 김일성과 같은 이들에게 면벌부Indulgentia를 부여하는 오류로 이어질 수 있다. 반대파에 대한 대량 숙청과 수용소에서 자행되는 잔인한 고문과 폭력, 내면의 의식마저 통제하는 폭압적 체제하에서 다수의 피지배 계층은 눈앞의 비극을 운명이라 여기고 그대로 수용해야만 하는 것일까? 현세에서의 삶에 아무런 가치를 부여하지 않은 것은 아니었지만 아우구스티누스가 지향한 곳은 천상의 왕국이었다. 아우구스티누스에 따르면 원죄를 부여받은 미약한 인간은 정의의 최대치를 지상 왕국에서 구현해야 할 의무가 있을 뿐 지상의 왕국이 아무리 부조리하다 해도 이를 갈아엎을 수는 없다. 지상의 왕국은 개선의 여지만 있을 뿐 원죄를 지닌 인간들에 의해 구성된 불완전한 정치 체제일 뿐이기 때문이다.

"지상에 천국을 건설하겠다는 시도는 항상 지옥을 만들어 낸다."라는 칼 포퍼Karl Popper의 말을 언급할 필요도 없이 지상 낙원 건설은 폭압적 독재 체제를 은폐하는 기만적 정치 수사에 불과한 경우가 많았다. 모든 인민이 기와집에 살며 비단옷을 입고 쌀밥에 고깃국을 먹는 지상 낙원을 건설하겠다던 김일성의 언사는 이와 관련된 가장 적절한 사례라 할 수 있다. 3대 세습의 수령 독재 체제를 유지하기 위해 대외적 고립과 대내적 유일 독재 체제를 유지해 온 북한의 실상은 지상 낙원이 아니라 지상 지옥이었다.

지하 서클을 중심으로 한국 사회의 성격을 규명하고 반독재 투쟁의 논리를 가다듬던 학생 운동권은 1985년을 기점으로 조직화되고 대중화된 운동 노선을 취한다. 김일성 주체사상을 대안적 변혁 이론으로 받아들인 이들이 적지 않았지만 '반미 자주화 반파쇼 민주화 투쟁'이라는 험악한 구호는 거족적인 민주화 운동의 전면에서 일순간 자취를 감추었다. 대신에 이들은 전두환 군부 독재 정권 타도를 외치던 민주화 운동 세력의 일원으로 1987년 6월 항쟁에 참여했다. 항쟁 기간 중 민중적 지지를 확보하고 제도화된 민주적 체제하에서 세력을 결집한 학생 운동권은 1987년 8월 전국 대학생 대표자 협의회(약칭 '전대협')을 발족하여 본격적인 반미 자주화 민족 해방 투쟁을 전개해 나간다. 1989년 임수경의 방북을 기획하고 1991년 강경대 열사 폭행 치사 사건에 뒤이은 분신 정국을 거치며 전대협은 통일 운동과 민주화 운동의 선봉대임을 자부했다.

전대협 세대들은 이른바 586 출신 정치인들의 핵심 세력으로 주로 30대 후반에서 40대 초반에 국회 의원이 되어 지금까지 유력 정치인으로 활동하고 있다. 전대협 활동에 직간접적으로 관여했던 인사들은 운동권 출신 특유의 끈끈한 조직력과 투사 기질을 발휘하여 문재인 정권의 핵심 참모나 더불어민주당의 주요 당직자로 활동했다. 이들의 의식 속에 김일성 주체사상이 얼마만큼 잔존해 있는지는 규명할 수 없다. 누군가가 TV 토론에 나와 언급한 대로 이들의 내면을 점검하기 위해 북쪽 공화국에서 '최고 존엄'으로 숭상하는 이에게 쌍욕을 하라 주문할 수도 없기 때문이다. 안 그럴 확률이 높다고 생각하지만 혹시나 이들로 인해 불균형적인 대외 관과 무분별한 종북주의가 우리 사회에 확산되지 않기를 바랄 뿐이다.

다만 조직 보위와 정권 유지의 명목으로 내로남불과 상대 진영에 대한 악마화를 일삼는 행태를 보면 이들의 전력을 떠올리지 않을 수 없다. 이들은 자기 당파의 정견과 정치 활동에는 오류가 없다는 듯 선전하며 상대 당파를 악마로 몰아가는 행위를 스스럼없이 한다. 부정과 비리가 들춰지면 상대 진영에 비해 정도가 약하다는 변명을 늘어놓다 못해 피해자 코스프레까지 일삼는 행태를 보면 가소롭기까지 하다. 손바닥으로 하늘을 가릴 수 없는 것이 세상의 이치인데, 이들은 SNS에서 활동하는 극렬 지지층과 음모론을 양산하는 사이비 언론인을 동원하여 자신들의 선함을 강변한다. 이들에게는 젊은 시절 지녔던 순수한 정의의 관념도 부재한 듯하다.

앞서 살펴본 바와 같이 아우구스티누스는 현존의 정치 권력자에게 복종의 의무를 다하라 권고했다. 그러나 그의 정치 철학은 인간의 미약함과 불완전함을 전제로 하는 신학적 관점에 바탕을 두고 있었다. 그가 주로 활동했던 서기 5세기의 서양 사회 또한 현재와 같은 민주정을 기대하기 힘들던 상황이었다. 고대 그리스의 민주정과 로마의 공화정을 수용하지 않은 점을 들어 그를 비판할 수는 있다. 그러나 독실한 기독교인이었던 아우구스티누스의 신념과 당대의 정치적 분위기를 고려했을 때 시대적 한계로 평가하는 것이 적절할 듯하다.

아우구스티누스가 왕정 옹호론자였는지 민주정 지지자였는지는 중요치 않다. 아우구스티누스는 천상의 도성^{都城}을 지향하고 기성 권력 체제에 대한 복종을 강조했지만 현존하는 정치 체제를 올바른 방향으로 개선하라고 권고했다. 그의 정치 철학은 합리적 이성과 사랑의 감성으로 최대한의 정의를 지상에 실현하는 것으로 요약된다. 거짓과 위선, 사실을 왜곡하는 선전과 선동은 평화의 적이자 정의의 실현을 방해하는 훼방꾼이다. 자신들의 잘못으로 행정 권력은 교체되었지만 과반 의석을 차지한 더불어민주당은 명실상부한 의회 권력의 주체이다. 종이 신문의 영향력이 대폭 축소된 상황에서 '밤의 대통령'으로 불리던 보수 언론의 여론 조작 능력도 약화되었고 문재인 정권이 민주주의의 적으로 간주했던 검찰의 수사 권한도 대폭 축소되었다. 여기에다 국정원의 대공수사권^{對共搜査權}도 얼마

안 있어 경찰로 이관되는 마당에 '빅 브라더'를 조종하는 배후의 악마 세력은 누구인지 궁금하다.

　김지하의 시에다 김민기가 곡을 붙인 「금관의 예수」라는 노래의 한 구절이 떠오른다. 고개를 떨군 채 힘없이 걸어가는 곤욕의 거리에서 거절당한 손길들은 천국을 찾았다. 아우구스티누스의 천국을 이들은 절박한 심정으로 희구했다. '풍자가 아니면 해탈'이라고 했던가? 반독재 투쟁 시기에 당신들의 순수한 열정과 객기에 담겨 있던 건전한 풍자의 정신은 유력 정치인으로 입신양명하는 과정에서 해탈로 바뀌었는가? 해탈이었다면 '초딩' 수준의 편 가르기와 내로남불은 없었을 것이다. 빛나는 투쟁의 훈장은 열정이 아니라 광기로 가득 찬 자살의 징표인 듯싶다. 거절당한 손길들의 천국은 죽음 저편 푸른 숲에 아직 머물러 있다. 당신들의 천국은 의원실의 회전의자에서 빛나고 있는가?

보에티우스와 정치의 위안

보에티우스^{Boethius}는 중세 철학의 비조이자 최후의 로마인으로 알려진 철학자로 그리스, 로마 철학을 신플라톤주의적 관점에서 기독교 신학에 접목한 이로 알려져 있다. 특히 그는 이탈리아를 점령한 동고트족^{Ostrogoths} 출신 테오도리쿠스 왕$^{Theodoric\ the\ Great}$의 치하에서 집정관으로 일하다가 반역 혐의로 체포되어 옥중에서 『철학의 위안』을 집필한 것으로 유명하다. 불행하게도 그는 형장의 이슬로 사라졌지만, 철학적 삶의 전형을 제시함으로써 가치 있는 삶을 살아가고자 하는 이들의 사표로 인식되고 있다. 죽음을 앞둔 보에티우스에게 철학의 여신이 건넨 전언은 최고선$^{summum\ bonum}$의 순수 형상인 신의 존재를 직시하고 내면에 충실한 삶을 살라는 것이었다. 이것은 변화무쌍한 운에 좌우되지 말고 영원의 진리를 추구하는 삶을 살아가라는 뜻으로 요약된다.

철학의 여신은 보에티우스에게 운運$^{(Luck)}$은 제멋대로라서 항상 변한다고 말한다. 운명의 수레바퀴는 변전變轉하기 때문에 오늘 제왕의 삶을 살아가는 이가 미래의 언젠가는 빈자의 처지로 전락할 수도 있다는 것이다. 사멸하는 존재로서의 인간은 항시 변화하는 운에 행복이 좌우된다는 어리석은 사고에 빠져 있다. 보에티우스에 따르면 철학적인 삶은 변화하는 외적 상황에 좌우되는 것이 아니라 내면에 충실한 삶이다.

기상 상황을 제어하거나 부모를 선택할 수 없는 것과 마찬가지로 변화무쌍한 외적 상황에 집착하는 것은 어리석은 짓이다. 철학의 여신은 감옥에 갇혀 사형을 앞두고 있던 보에티우스에게 영원하지 않고 일시적일 뿐인 부와 권력, 명예가 행복의 근원일 수는 없다고 역설한다. 여신은 신과 선善에서 진정한 행복을 발견하라고 주문한다.

『철학의 위안』에서 이야기하는 신은 선의 순수한 형상으로서의 신, 즉 플라톤적 신이다. 보에티우스에 의하면 삶이란 우리가 이미 알고 있던 것을 회상하기 위한 투쟁이다. 참다운 행복을 갈구하는 보에티우스에게 철학의 여신은 가상의 선으로 둘러싸인 그림자에서 눈길을 거두라고 주문한다. 가상의 선은 부와 명예, 권력과 같은 세속적 성공과 관련된 것이다. 변덕이 심한 운명의 여신은 세속적 성공이라는 그물코로 사람들을 족쇄로 엮고 동굴에 가둔다. 참다운 행복에 다다르기 위해서는 내면에 잠재된 최고선의 관념을 불러들여 족쇄를 끊고 동굴에 비친 그림자의 망령에서 과감히 벗어나야 한다.

철학의 여신은 인간이 헛된 욕망과 정념에서 벗어나 참다운 행복에 이르기 위해서는 노동과 연습이 필요하다고 역설한다. 농부가 풍요로운 결실을 얻기 위해서는 밭에 나 있는 잡초와 덤불을 제거해야 하고 새벽이 밝아 오려면 아침 별이 밤의 어둠을 몰아내야 하듯 상황을 변화시키기 위한 의지와 노력이 필요하다는 것이다. 또한 그림자에 휩싸여 있던 시선이 빛을 향하기 위해서는 밝고 찬란한 빛에 시각이 적응하기 위한 연습도 필요하다고 이야기한다. 사람들이 동굴에 갇힌 수인囚人의 신세에서 벗어나지 못하는 이유는 쾌락과 정념과 같은 헛된 욕망에 사로잡혀 있기 때문이다. 철학의 여신은 자신을 지배하고자 하는 이는 거친 생각을 통제하고 저주스러운 욕망의 족쇄에서 벗어날 것을 권고한다.

그렇다면 욕망의 족쇄와 그림자의 환영에서 벗어나 만끽하는 진정한 행복이란 무엇인가? 철학의 여신은 참다운 행복의 속성을 다음과 같이 서술한다. "우리를 자족적으로 만들고 스스로를 지배할 수 있도록 해 주며, 우리에게 존경과 탁월함의 가치를 선사하며 우리를 기쁘게 해주는 것"이 행복이라고.

자유와 공동체에서의 존경을 상실한 삶은 개인의 의지로 회복할 수 있는 성질의 것이 아니다. 그러나 현실적 상황에 대한 인식과 태도는 개인이 선택할 수 있다. 보에티우스가 반역이라는 억울한 누명을 쓰고 옥에 갇혀 신변의 자유와 사회적 명성을 상실한 것은 그 자신의 의지나 선택과는 무관하다. 그러나 비극적 운명을 한탄하기보다는 고귀한 철학적 진리와 참다운 행복을 추구하는 행위는 개인이 충분히 선택할 수 있다는 것이다.

　전지전능한 신은 인간의 모든 행위를 미리 예상할 수 있다. 그러나 신이 모든 것을 알고 있다면 매 순간 특정한 행위를 선택하는 인간의 자유 의지는 존재하지 않는 것인가? 인간의 행위가 전적으로 신에 의해 미리 정해져 있다면 인간사를 대상으로 한 도덕적 판단의 기준도 무의미해지는 것이 아닐까? 보에티우스는 철학의 여신에게 전지전능한 신과 인간의 자유 의지 간의 관계에 대해 질문한다. 철학의 여신은 신은 인간과 같이 시간에 구애받지 않기 때문에 시간 안에서 사물들의 운행을 인지하지 않는다고 말한다. 신은 과거, 현재, 미래를 하나로 인식하기 때문에 찰나의 순간에 모든 것을 파악한다는 것이다.

　보에티우스에 따르면 인간의 행위는 정교한 기계처럼 미리 프로그램화된 게 아니다. 인간은 자유롭게 판단하고 행동할 수 있으며 신은 인간 행위의 선후 관계를 일괄적이고 직관적으로 판단한다. 전지전능한 신의 존재와 인간의 자유 의지가 양립 가능한 것은 바로 이 때문이다. 이것은 최후의 심판 논리도 정당화한다. 시간에 구애받지 않는 영원한 실체로서의 신은 구원받을 자와 그렇지 않은 자를 미리 정해 놓는 것이 아니라 인간의 행위를 직관적으로 파악함으로써 그를 심판한다는 것이다.

　부와 명예, 권력을 탐하는 세속적 삶의 방식에서 탈피하여 영원의 진리를 추구하는 삶을 살아가는 사람에겐 진정한 자유와 타인으로부터의 존경이 뒤따른다. 신은 찰나의 순간에 인간이 행한 모든 것을 일괄적이고 직관적으로 파악하여 최종적인 심판을 내리기 때문에 보에티우스 철학에서 인간의 자유 의지는 중요한 가치를 지닌다. 정해져 있지 않은 삶이기 때문에 자유롭고, 자유롭기 때문에 최선을 다해야 한다.

정치는 가능성의 예술이라는 말이 있다. 특정 사안에 대해 서로의 주장이 첨예하게 대립할 때 대화와 타협을 통해 갈등을 완화하고 합의를 도출하는 측면을 강조한 말이다. 현대 민주 정치는 사회 구성원들의 다양한 이해관계를 수렴하여 가장 합리적이고 균형 잡힌 대안을 도출하고 이를 정치 과정에 반영한다. 그러나 불행하게도 1980년대 민주화 운동의 총아로 일컬어지던 586 학생 운동권 출신 정치인들은 가능성의 예술이라는 정치를 증오와 갈등의 장으로 변질시켰다. 이들은 설득보다는 선동이 판치는 사회 분위기를 조장했다. 이들은 공론장에서 합리적인 토론과 소통을 통해 사회적 현안의 해결책을 도출하는 것이 아니라 자신들의 주장을 상대방에게 강요하고 그것이 여의치 않으면 상대방을 악마화하여 잔인하게 매장하려는 행태를 심심찮게 보여 주었다. 이들의 비정상적인 정치 행위는 자신들의 활동 공간을 확장하여 이권을 독점하려는 조직폭력 집단의 행태와 다를 바 없다.

이들은 20년이 아니라 50년 장기 집권이 실현되어야 민주주의가 완성되고 민족 통일이 달성될 수 있다고 믿는 듯하다. 세속적 성공과 실패를 좌우하는 운명의 여신은 너무나 변덕스러워 승리의 왕관을 특정인이나 특정 집단에게만 씌어 주지 않는다. 매 순간, 혹은 매 국면마다 요동치는 여론의 물결은 이들이 즐겨 쓰는 단어 중 하나인 '시대정신'의 이름으로 주권의 대리자인 정치인과 정당들을 가차 없이 심판한다. 정권 교체라는 시대정신의 엄중한 명령이 이들의 집권 연장 기도를 무산시키고 통렬한 반성을 촉구하고 있다.

실상이 어떠하든 아직도 시대정신을 구현하는 주체가 자신들이고 정권 교체의 대상은 수구 보수 세력일 뿐이라고 생각하지는 않으리라 믿고 싶다. 보에티우스가 소환한 철학의 여신이 지적했듯이 지고의 선은 신적 속성에 속한다. 자신들을 절대 선으로 규정하는 태도는 스스로를 신과 동일시하는 오만이다. 종교·철학적인 논거를 댈 필요도 없이 영구적이고 고정적인 진리가 존재하지 않는 다원적 상대주의 사회에서 스스로를 진리의 담지자로 자부하는 것은 망상에 가깝다 할 것이다.

  권위주의 독재 시기의 적이 사라진 마당에 반대파를 친일과 독재의 후예로 몰아가는 것은 허수아비 때리기의 오류에 근거한 저급하고 비열한 선전·선동일 뿐이다. 장기 집권을 꿈꾼 당신들은 가상의 적을 상정하고 혁명을 유예하는 전략으로 주권자인 국민들의 눈과 귀를 멀게 했다. 당신들은 사물의 그림자에 붙박인 주권자들의 시선을 밝은 빛으로 인도해야 할 책무를 헌신짝처럼 내던졌다.

  생각이 다르다고 가족끼리도 원수처럼 피 터지게 싸우는 갈등의 상황은 민주주의와는 거리가 멀다. 민주주의가 용납하는 갈등은 대화와 타협을 전제로 한 갈등이기 때문이다. 상호 간의 차이를 인정하는 바탕 위에서 자유로운 대화와 소통으로 합리적인 대안을 창출해 내는 것이 민주주의이다. 증오와 갈등으로 점철된 현실 정치에 맞서 우리가 선택할 수 있는 정치의 위안은 민주주의의 가치를 회복하고 이를 일상에서 몸소 실천하는 일이 아닐까?

마키아벨리의 비르투와 공화국의 적

르네상스 말기, 피렌체 공화 정부의 관료이자 외교관으로 활동했던 마키아벨리는 군주의 권력 유지와 국가의 부강을 위해서는 도덕관념에서 탈피한 현실 정치 이론을 적극적으로 채택해야 한다고 주장했다. 그는 프랑스와 신성 로마 제국이라는 강력한 외세의 위협과 수많은 도시 국가가 난립하던 이탈리아의 분열 상황을 타파하고자 했다. 이를 위해 마키아벨리는 1532년, 군주의 권력 쟁취와 유지, 국가의 효율적 운영 방안을 담은 『군주론』이라는 정치학 지침서를 저술한다.

마키아벨리는 현실의 상황을 지배하는 포르투나Fortuna, 즉 운명의 여신에 맞서 합리적이고 효율적인 용맹성을 뜻하는 비르투Virtù를 발휘할 수 있는 자만이 권력을 장악하여 효과적으로 국가를 통치할 수 있다고 보았다. 적진을 분열케 하고 인민의 심리와 부하의 무력을 적절히 활용함으로써 국가를 안정적으로 운영할 수 있다고 생각했던 마키아벨리의 논의는 국가 이성raison d'État/ragione di stato이라는 관념으로 대변된다. 국가 이성은 중세의 유사 신정 정치 체제에서 탈피하여 근대적 국민 국가를 성립할 수 있게 하는 이론적 기반이었다. 마키아벨리는 변화무쌍한 포르투나의 작용에 대응해 비르투가 제대로 역량을 발휘할 수 있으려면 조국의 안위를 위해 목숨을 바쳐 무장 투쟁을 전개할 수 있는 다수의 시민들이 사회의 중핵을 형성해야 한다고 보았다. 마키아벨리가 생각한 군주는 자유로운 시민들로 구성된 세속적 공화국을 이끄는 정치 지도자였다.

프랑스 혁명 때 국민 공회를 통해 공화주의 정부를 이끌었던 로베스피에르Maximilien Robespierre가 공화정의 이론적 기원으로 마키아벨리를 지목했던 것은 마키아벨리 사상과 공화정 이론 간의 사상적 친연성을 증명한다. 마키아벨리즘은 좌파 공산주의 이념에도 영향을 끼쳤다. 무솔리니 체제하에서 활동한 전설적인 공산주의자였던 안토니오 그람시$^{\text{Antonio Gramsci}}$는 파쇼적 자본주의 체제에 대항해 진지전을 통한 헤게모니 투쟁을 강조한 바 있다. 그는 마키아벨리가 지적한 군주를 헤게모니 투쟁을 조직하고 이끌어 가는 투쟁의 지도자로 상정했다.

마키아벨리즘이 결과 중심의 권력 쟁취 이론이 아니라 인민의 정치 투쟁을 추동하고 현존의 모순된 정치 체제를 타격하는 검증된 혁명 이론임을 상기하자. 승자 독식의 정치 현실에서 최종적 승자가 되기 위한 일념으로 진영 논리에 따라 여론을 갈라치기 하고 자기 진영의 유권자들을 선동하는 행위는 마키아벨리즘과 전혀 무관하다.

마키아벨리의 군주는 비르투라는 덕성을 활용해 난마처럼 얽힌 정치적 상황을 신묘한 재능으로 조정하고 관리할 수 있는 자이다. 마키아벨리즘은 권력 쟁취와 유지를 위해서는 야비한 수단과 방법도 서슴지 않아야 한다는 논리가 아니다. 마키아벨리즘을 목적이 수단을 정당화한다는 논리와 동일시한다면 이것은 커다란 착각이다. 정치 현실의 냉혹함을 들어 공정과 배려, 다양성과 차이의 가치를 부정하지 말아야 한다. 개인적 이권 추구와 권력 탈환에만 혈안이 돼 있는 정치인은 좌우를 막론하고 민의를 대변하는 정치인의 자격이 없다고 해야 할 것이다. 특히 진보와 개혁의 명분을 앞세워 정치 투쟁만 일삼는 정치인들은 마키아벨리가 주창한 현실주의적 정치 이론으로도 정당화될 수 없다. 마키아벨리가 이야기한 공화국의 군주는 인민(국민)이고, 공화국의 이익은 위정자가 아닌 인민(국민)의 이익이기 때문이다.

에라스무스와 우신들의 정치

기독교적 인문주의자$^{\text{Christian Humanist}}$로 불리는 에라스무스$^{\text{Desiderius Erasmus}}$는 이탈리아에 발흥한 르네상스 정신을 교회와 교육, 정치를 비롯한 사회 제도의 개혁에 적용하고자 했던 인물이다. 영국을 중심으로 절대 왕정이 서서히 모습을 드러내고 있던 시점에 활동했던 그는 인문주의적 이성에 정통한 개명^{開明} 군주에 의해 국가가 운영되어야 한다는 정치 이론을 전개했다.

인문주의적 이성의 소유자인 군주는 독재적 군주인 참주^{tyranny}와 명확히 구별된다. 에라스무스에 따르면 참주와 성군^{聖君}을 구분하는 기준은 조세를 경감하여 인민의 복지를 증진하고 일관적 법치로써 군주 개인의 변덕에 의해 국정이 좌우되는 것을 막는 것이다. 교육을 진흥하여 문명을 꽃피우는 일 또한 빼놓을 수 없다. 특히 에라스무스는 백성들에게 전쟁이 불러오는 참화를 각인시켜 문명 융성의 바탕은 평화 유지에 있다는 점을 강조하는 교육이 이루어져야 한다고 보았다. 그는 적을 척살하기 위한 정책은 이성에 의해 통치되는 공동체적 삶과 배치된다고 주장했다. 군주는 평화의 기술을 갖출 필요가 있다는 것이다. 에라스무스에 따르면 군주는 공공의 신뢰를 저해하지 않는 수준에서는 관대한 태도를 유지해야 하고 금전으로 매수하기 어려운 관료를 곁에 두어야 하며 법률은 엄격하되 가혹하지 않아야 한다고 주장했다.

에라스무스는 게으름의 습성이 사회적으로 확산되는 현상을 방지하기 위해서는 수도원의 숫자를 줄여야 한다고 주장했다. 플라톤은 구걸하는 자들을 사회에서 추방하라고 이야기했지만, 에라스무스는 국가가 노동을 장려하고 나태의 습성을 개선하는 법률을 제정하며 어려운 이의 자활을 돕기 위한 제도를 마련해야 한다고 역설했다. 그는 합스부르크 왕가의 카를 5세가 보여 준 외교 정책처럼 유럽 여러 나라 사이에 결혼 관계로 맺어지던 군사 동맹과 정의 수호를 위한 명목에서 행해지던 전쟁 또한 비판했다. 에라스무스는 자신의 권리를 지키기 위한 자위권이 없으면 그 어떤 권리도 존중받지 못한다는 반론에 대해 전쟁이 계속되는 세상에서는 그 어떤 권리도 보장받을 수 없다고 응수했다. 그는 이와 더불어 민족 간의 단순한 이질성에서 기인하는 배타적이고 패권적인 민족주의도 비판했다.

당대뿐만 아니라 지금까지도 에라스무스의 유명세를 뒷받침하는 저작은 『우신예찬』일 것이다. 라틴어 제목이 '엔코미움 모리아이'Encomium Moriae'인 『우신예찬』은 어리석음의 여신 모리아Moria와 에라스무스의 '절친' 토머스 모어Thomas More에 대한 찬양의 뜻을 함께 지닌다. 『우신예찬』은 자기 도취, 무지, 우둔함, 깊은 잠, 아첨, 망각, 게으름과 같은 시녀들을 거느리는 우신愚神의 자화자찬을 얼개로 하고 있다. 에라스무스는 우신의 말이기 때문에 너무 진지하게 받아들일 필요는 없다고 전제하지만, 해당 저서에서는 사회적 명망가나 종교 지도자, 위정자의 무지와 위선을 신랄한 어조로 꼬집고 있다.

에라스무스는 세속 군주와 고위 성직자들과 후원 관계로 얽혀 있었기 때문에 당대 사회의 모순과 부조리를 직설적인 방식으로 표출하기엔 한계가 있었다. 그러나 우신을 화자로 설정하여 당대의 엉터리 신학과 교회의 부패는 물론 명예욕과 광기로 점철된 정치 체제를 비판한 점은 높이 살 만하다. 해학과 풍자를 통해 서술을 이끌어 간 것은 저자의 비범한 기지와 지혜의 결과라 할 수 있다.

작품에 따르면 어리석음의 화신이자 바보 여신 모리아로 표상되는 우신은 풍요의 신 플루투스와 쾌활한 님프 유벤타스(청춘) 사이에서 태어났고, 주취酒醉:술취함와 무지의 젖으로 양육되었다. 작품 속 모리아, 즉 어리석음은 생명의 씨앗이자 원천이다. 어리석음과 광기는 현세의 즐거움과 타인과의 원만한 관계를 보장한다. 모리아는 정치에도 어리석음이 필요함을 지적하는데, 민중이라는 거대한 짐승을 다스리기 위해서는 어이없는 수작과 터무니없는 거짓말이 필수적이라고 역설한다. 국가는 어리석음과 허영, 광기에 의해 유지되며 학문과 예술, 기술 또한 명예욕에서 기원했다고 주장한다.

에라스무스는 실제로는 어리석으면서도 현명한 척하는 이들의 어리석음을 폭로한다. 여기에는 사냥에 집착하는 귀족, 노름꾼, 기적에 목맨 자, 성인 숭배자, 자민족 우월주의자, 문법학자, 법률가, 시인과 문필가 등이 포함된다. 특히 교황과 추기경을 비롯한 성직자와 수도자, 군주와 제후, 고위 관료에 대한 신랄한 비판은 통쾌함까지 자아낸다. 이어서 모리아는 기독교적 어리석음을 논한다. 힘 있고 학식이 뛰어나며 돈이 많은 사람들 대신에 어린이와 여성, 빈자 등 약하고 소외된 사람들을 가까이 한 그리스도의 어리석음, 즉 '십자가의 어리석음'이 기독교적 어리석음의 핵심이라는 것이다.

우신이 설파하듯 현세의 쾌락을 보장하는 어리석음은 진리에 대한 망각과 환상에 대한 집착에서 비롯된다. 이에 비해 자발적 가난과 겸손의 덕목이나 타인에 대한 사랑의 감성은 진정한 지혜의 원천이자 종교적 구원의 바탕이다.

이른바 민주당 소속의 86세대 정치인들 중 일부는 말로만 현실을 개혁한다고 하면서 현실의 모순에 기생하여 자기 잇속만 챙기는 자들로 보인다. 이들은 작품 속 우신이 지적한 어리석은 족속이다. 시대와 정치적 역학 관계, 여론, 사회 분위기 등 다양한 상황에 따라 상대성을 띨 수밖에 없는 보수와 진보의 정치 관념을 고정화한 상태에서 특정 진영과 계파를 진리의 대표자로 설정하는 행태는 편협한 독단을 넘어 자신들의 이익을 극대화하기 위한 명분 쌓기에 불과하다. 언행의 일치와 일관성이라도 있으려면 좋으련만 '내로남불'만 반복하니 이들이야말로 우신의 반열에 있는 자들이 아닌가 의심이 될 정도이다.

　에라스무스의 우신이 사회 개혁을 위해 어리석은 이로 가장한 기지^{奇智}의 현인이라면, 이들은 자신들의 오류를 상대편을 공박하는 무기로 삼음으로써 자신들의 어리석음을 교묘히 은폐하는 자들이다. 잘못이 만천하에 드러났음에도 이를 은폐하고 억울함을 호소하다 못해 상대편을 공박하는 행위는 자신들의 어리석음을 승리의 자양분으로 삼으려는 고도의 전략이다. 이들은 현명함과 우둔함의 성격이 뒤얽혀 있다는 점에서는 우신과 동일하지만 어리석음을 현명함을 표상하는 자질로 둔갑시키고 개인의 이익 추구를 우선시한다는 점에서는 우신과 확연히 구별된다.

　사회 개혁의 도구인 우신은 예찬의 대상이지만 '내로남불'의 끝판왕인 우신은 정화의 대상일 뿐이다. 댓글 조작 공모 혐의로 대법원에서 실형을 선고받고 복역 중임에도 '진실은 감옥에 가둘 수 없다'고 항변하는 이와, 경력 조작과 표창장 위조 등으로 점철된 자녀 입시 비리와 사모 펀드 불법 투자, 증거 인멸 등의 혐의로 유죄가 선고되었음에도 '약자 코스프레'는 물론 검찰의 과잉 수사를 지적하며 여론 몰이를 일삼는 이들, 위안부 할머니들을 이용해 개인의 이권 획득은 물론 국회 의원의 직위에까지 이르렀다는 의혹을 받고 있는 이, 광주와 베트남 등지에서 유흥을 일삼으며 부끄럽고도 추잡한 비행을 저지른 것으로 의심되는 정치인 등 이기적이고 영악한 우신들은 일일이 거론하기에 지면이 모자랄 지경이다. 이들은 이기적이고 영악한 우신에서 지혜롭고 이타적인 우신으로 거듭날 때만이 진정한 진보주의자로 자칭할 수 있을 것이다. 낙타가 바늘 구멍을 들어가는 일보다 더 어렵겠지만 급속한 의학 발달로 인간의 수명은 앞으로 훨씬 길어질 테니 두고 볼 일이다. 지루하긴 하지만 기다림엔 금전이 필요 없고 희망 고문 또한 희망이 유지되는 한 엔도르핀 증가에 도움이 되기 때문이다. 배신감보다는 희망 고문이 더 견딜 만하지 않겠는가?

볼테르의 『캉디드』와 86세대의 위선적 목적론

18세기 프랑스를 중심으로 활동했던 볼테르는 계몽주의 시대를 대표하는 작가이자 사상가이다. 그는 재기 넘치는 풍자와 날카로운 비판 능력을 통해 전제 정치와 종교적 맹신의 폐해를 지적한 진보주의자였다. 비록 볼테르가 한 말이 아닌 것으로 밝혀졌지만 "당신의 말에 동의하지는 않지만, 죽을 때까지 당신이 말할 권리를 방어할 것"이라는 언사는 볼테르의 성향을 단적으로 보여 준다.

볼테르는 1759년 『캉디드^{Candide}』라는 철학 소설을 발표하여 당대에 유행하던 목적론적 형이상학을 비판하였다. 낙관론에 입각해 있던 목적론적 형이상학은 영국의 시인 알렉산더 포프$^{Alexander\ Pope}$와 독일 출신의 지성 라이프니츠$^{Gottfried\ Wilhelm\ Leibniz}$에 의해 유명세를 얻었다. 포프는 세상에 존재하는 모든 것은 옳고 이성에 합치한다고 주장했다. 그에 따르면 만물은 신의 작품이고 신은 선하며 전능하다. 질병, 홍수, 지진, 한발 등의 재해 또한 장기적으로는 신의 계획하에 발생하는 필연적 현상이다.

라이프니츠는 포프와 동일한 맥락에서 어떤 것도 이유 없이 일어나지 않는다는 충족 이유율$^{principle\ of\ sufficient\ reason}$을 통해 신의 세계 창조를 정당화했다. 그는 신은 최소한의 악을 활용하여 최선의 세계를 고안하고 창조했다는 예정 조화설을 통해 세계와 인간에 대한 낙관론을 설파했다. 볼테르는 『캉디드』를 통해 포프와 라이프니츠의 낙관론을 신랄하게 공박한다. 소설은 순수하고 순결한 청년 캉디드가 남작의 딸 퀴네공드^{Cunégonde}와 사랑에 빠지는 사건을 맨 앞에 배치한다. 퀴네공드와의 관계가 발각된 캉디드는 남작의 성을 떠나 철학 교사 팡글로스^{Pangloss} 박사와 함께 기나긴 모험을 떠난다. 팡글로스는 라이프니츠를 모델로 설정한 캐릭터로 재난, 고문, 전쟁, 강간, 종교적 박해, 노예화 등 아무리 부조리한 세상사라도 우리 인간은 가능 세계의 최상의 상태에서 살아가고 있다고 역설한다. 인간에게 닥치는 모든 재해와 고난은 최선의 상황에 이르기 위해 필연적으로 요구되는 악이라는 것이다.

『캉디드』에는 1755년 포르투갈 리스본에 발생한 대지진도 언급된다. 리스본 대지진은 지진에 이은 쓰나미와 며칠간 지속된 화재로 2만 명이 넘는 인명 피해를 가져온, 18세기 유럽에서 벌어진 최악의 재해였다. 소설에서 캉디드 일행은 폭풍으로 배가 난파되어 리스본 근교에 이른다. 팡글로스는 뜻하지 않은 재해로 선원들 대부분이 다치고 사망한 아비규환의 현장에서 이 모든 재앙이 최고선의 실현을 위한 전조라고 평가하며 예의 무책임한 낙관론을 피력한다.

코로나 팬데믹으로 인한 유동성 증가로 인해 자본의 부동산 집중이 강화된 측면이 있지만, 문재인 정권하의 부동산 정책의 실패는 정권 교체의 중요한 원인이 되었다. 문 정권은 집값을 잡는다는 명목으로 다주택자를 적폐 세력으로 몰고 무리한 세금 규제와 금융 규제 정책을 남발했으며 일관성 또한 부족했다는 평가를 받고 있다. 정부의 무리한 시장 개입은 의도와는 달리 주택 매매가와 전세가 모두를 상승시켰고 지역과 주택 수준에 따른 가격의 양극화 또한 심화시켰다.

경제적 불평등을 완화하기 위한 목적에서 시행된 소득 주도 성장 정책 또한 마찬가지였다. 속도 조절에 실패한 최저 임금 인상 정책은 미숙련 노동자의 일자리 격감과 중소기업의 생산비 상승으로 이어졌고 기대했던 자본 투자의 활성화도 가져오지 못했다. 임금 인상을 통한 가계 소득 증가가 총수요를 진작하여 효율적 경제 성장을 가능케 하기 위해서는 경제 영역의 여러 부문에 걸친 체질 개선이 전제되어야 한다. 경제의 체질 개선은 수많은 시간을 요구한다. 문재인 정부가 정책의 연착륙을 위해 시간이 필요하다고 역설한 이유도 여기에 있다. 그러나 국정 지지율의 수치에 발목이 잡혔는지 문재인 대통령과 핵심 참모들은 일본의 수출 규제와 코로나 팬데믹 등 경제 외적 원인을 들어 정책의 단기적 실패를 겸허한 태도로 인정하지 않고 정책의 안정적인 시행을 위한 대국민 설득과 협의의 과정도 생략해 버리다시피 했다. 상황이 불리해지자 보수 언론과 야당의 방해 공작을 운운하며 발뺌만 하다가 시류에 따라 최저 임금 인상률을 대폭 하향 조정하는 등 임기응변적 대응으로만 일관하였다.

모험에서 돌아온 캉디드는 시골의 농원에서 팡글로스와 동료들, 그리고 연인 퀴네공드와 재회하여 함께 살아간다. 캉디드는 인생에서 겪는 모든 재난은 행복한 결말을 위해 요구되는 필연적 악에 불과하다는 팡글로스의 면전에서 그럼에도 우리는 우리의 정원을 가꾸어야 한다고 응수한다. 정원을 가꾼다는 말은 추상적인 철학 담론을 거두고 인간의 삶에 유용한 활동을 하며 삶을 개척해 나가자는 뜻을 담고 있다.

아무리 좋은 이념이나 정책이라도 그것이 현실의 모순과 부조리를 해결하지 못한다면 아무런 의미가 없다. 당장의 효과를 확인할 수 없다면 정책의 세목과 시행 과정을 구체화하고 그것을 국민들의 동의를 통해 충실히 실천에 옮기면 될 일이다. 책임지지도 못할 거면서 용두사미로 끝날 정책을 밀어붙인 이유는 현실과 괴리된 시대착오적 허위의식에 집착했기 때문인가? 문재인 정권에서 시행된 여러 경제 정책이 현실보다는 선험적 이념이 앞선 상태에서 이루어진 것이 아닌가 하는 의심을 거두기 힘들다. 문득 식민지 반*자본주의론과 신식민지 국가 독점 자본주의론과 같은 철지난 변혁 이론이 연상되는 이유는 무엇일까?

부동산과 고용 정책이 파탄 난 것이 미래에 도래할 진정한 민주 세상을 위한 필연적 진통에 불과하다 생각한다면 팡글로스 박사의 밑도 끝도 없는 낙관론과 전혀 다를 바 없을 것이다. 대의를 위해서는 순간의 악행은 용서받을 수 있다는 목적론적 사관은 진보주의 사관이 아니다. 냉엄한 역사는 신과 같이 선행과 악행, 억울함, 꼼수 등을 명확히 준별한다.

몽테스키외의 『법의 정신』과 86세대의 거짓 명예

검찰 수사권 박탈 관련 법안이 통과되자 새로 출범한 윤석열 정부는 정부 시행령 개정을 통해 검찰의 직접 수사권을 보강하려 했다. 이에 의회 내 다수을 점하고 있는 더불어민주당은 입법 취지를 무시하고 시행령 개정을 통해 검찰 수사권을 확대하려는 현 정부의 행태를 맹렬히 비판했다. 여소 야대의 정국에서 행정 권력과 의회 권력의 주도권 다툼이 정권 출범 초기부터 치열하게 전개되고 있다.

국회의 행정부 견제는 삼권 분립 체제에서 당연하지만, 대통령의 고유한 통치권과 직결된 시행령에 대해서도 강력한 통제권을 국회가 행사하려 드는 것은 삼권 분립 원리와 충돌한다. 촛불 혁명과 개혁, 적폐 청산의 명분을 내세워 반대 정치 진영을 고립시키고 악마화했던 문재인 정권은 주요 측근들의 비리가 법원의 판결로 확정되었음에도 재판 불복을 방불케 하는 행태를 여러 번 드러냈다. 대중의 주목을 받는 데 혈안이 된 민주당 일부 의원들과 극렬 민주당 지지자, 문재인 정권의 국정 운영을 사실상 홍보하는 역할을 담당하고 있는 어용 언론인들이 나서서 검찰 수사와 재판 과정, 판결에 대해 맹비난을 퍼부었다. 관련자가 혐의 선상에 오르면 검찰 수사와 재판 결과를 지켜보자 해 놓고 정작 결과가 자신들의 뜻에 어긋나면 모든 문제를 검찰과 법원 탓으로 돌렸다. 이들은 자신들의 뜻에 반하는 행태를 보이는 사법 기관은 반개혁적 이권 추구 집단에 불과하다는 논리를 앞세웠다.

선악의 단순 흑백 논리에 입각한 진영 논리 속에 민주주의의 근간인 삼권 분립 정신의 뿌리까지 흔들린다. 여론 조성에서 정책 입안까지 대부분의 정치 행위가 데마고그Demagogue에 의해 좌우되면 그것의 최종적 귀결점은 파시즘에 입각한 독재 체제의 도래일 수밖에 없다. 교과서에 화석처럼 굳어 있는 몽테스키외의 삼권 분립론을 현실 정치의 공론장으로 소환할 필요가 있다.

입법, 행정, 사법권의 명확한 분리와 세 권력 기관 간의 상시적 견제와 균형을 중시하는 삼권 분립론은 근대 민주주의 체제의 근간이 되는 정치 조직 이론으로 평가된다. 미국 독립 혁명의 결실인 연방 헌법과 근대 법치주의의 근간은 삼권 분립론이라 해도 과언이 아니다. 원래 권력 분립론은 일찍이 로크$^{John\ Locke}$가 입법권과 행정권을 구분하면서 제시한 바 있으나 사법권의 기능과 독립성을 언급함으로써 명실상부한 삼권 분립론을 주창한 것은 몽테스키외^{Montesquieu}가 최초이다. 본명이 샤를 루이 드 스콩다$^{Charles-Louis\ de\ Secondat}$인 몽테스키외는 보르도 지방의 귀족 집안 출신으로 『법의 정신$^{l'esprit\ des\ lois}$』이라는 저작에서 삼권 분립론을 최초로 체계화했다. 그는 소르본 대학에서 법률을 공부하고 큰아버지의 관직을 이어받아 보르도 지방의 고등 법원장 직을 역임했으며 아카데미 프랑세즈$^{Académie\ Française}$ 회원으로도 활동했다. 『페르시아인의 편지』라는 저작을 통해 편견에 물들지 않는 객관적 시각으로 당대 프랑스 사회의 모순을 풍자적 필치로 묘사했던 몽테스키외는 1755년 66세의 나이로 사망할 때까지 계몽주의 시대를 대표하는 저명한 문필가로 활동하였다. 그는 각 나라나 지역의 풍속, 기후 등 물리적 환경과 정치·사회 제도, 종교, 교역 및 경제 체제 간의 연관성에 관심을 집중하면서 사회 구조와 정치 체제를 종합적이고 실증적으로 분석했다.

몽테스키외는 아리스토텔레스와 같은 고대 정치 이론가들이 그랬던 것처럼 정치 체제를 군주정, 귀족정, 민주정으로 구분하지 않았다. 대신 그는 공화정, 군주정, 전제정으로 정치 체제를 나누면서 덕성, 명예, 공포가 각 정치 체제를 특징짓는 핵심 요소라고 이야기했다. 몽테스키외에 따르면 공화정은 국민 전체 혹은 국민의 일부가 주권을 갖는 정치 체제로 국법 준수와 애국심을 중심으로 한 인민의 덕성에 기반을 둔다. 군주정은 단 한 사람이 통치하지만 지정된 법률을 통해 국정이 운영되는 정체다. 전제정은 군주정과 마찬가지로 통치자 1인에게 주권이 집중되지만 특정한 법률에 의거하지 않고 군주의 자의나 변덕에 따라 국정을 농단하는 정치 체제를 일컫는다.

몽테스키외에 따르면 권력 분립이 반드시 합리적 제도의 실현으로 이어지는 않는다. 또한, 제도적으로 권력이 분리되어 있더라도 언제나 개인의 자유가 보장되는 것도 아니다. 1950년대 미국 정가에서 매카시즘 McCarthyism의 광풍이 휘몰아쳤을 때나 과거 군사 독재 정권 시절 우리나라에서 민주화 운동 인사들을 용공 세력으로 몰아 엄청난 피해를 양산해 냈던 사례는 삼권 분립의 제도화와 자유 실현의 관계가 필연적이지는 않음을 방증傍證한다. '나꼼수'를 위시한 정치적 팟캐스트와 수많은 정치 시사 유튜브 채널이 활성화되어 이슈를 선점하고 여론을 조작적으로 주도하고 있는 현실 또한 개인의 자유 실현을 위해서는 결코 유리한 상황이라 할 수는 없다. 개인이 선전 선동의 논리에 세뇌되어 자체적인 가치관이나 독자적인 정치의식을 발현하지 못한다면 권력의 제도적 분리는 개인의 진정한 자유의 실현을 방해한다.

다양한 사회적 단체들이 정치적 기구에 접근해서 각자의 견해를 자유롭게 개진할 수 있는 분위기가 마련되어야 사회 여론의 획일적 수렴화를 막을 수 있다. 극렬 팬덤 집단이 도배하는 사이버 토론장에서는 정상적인 대화와 소통은 불가능할 것이다. 갈라치기와 마녀사냥이 횡행하는 곳을 공론장으로 여길 수는 없는 노릇이다.

86세대 용퇴론과 선거 패배 책임자의 전당 대회 불출마론 등으로 내홍을 겪은 더불어민주당이나 '윤핵관'과 젊은 당 대표 간의 갈등이 내부 권력 투쟁의 양상을 띠었던 국민의힘이나 정상적인 정당과는 거리가 먼 행태를 보이고 있다. 정부나 의회, 사법부 간의 관계는 물론 정당 내부의 사안에서도 일부의 강력한 여론 주도 세력이 아니라 다양한 집단들의 견해가 적극적으로 반영되어야 개인의 자유를 비롯한 민주주의 정신이 제대로 발현될 수 있다. 몽테스키외가 삼권 분립론을 내세우면서 강조했던 것은 권력의 기능적 분립뿐만 아니라 국가 내 주요 세력 간의 견제와 균형이었다. 삼권 분립론의 핵심이라 할 수 있는 권력의 제도적 분리와 특정 세력에의 권력 독점을 방지하는 견제와 균형의 정치가 개인의 자유와 체제의 안정을 보장할 수 있기 때문이다.

몽테스키외는 권력의 자의적 지배로부터 개인의 안전을 보장하는 것을 자유라고 보았다. 그가 전제 정치를 비난한 것은 최고의 악덕이라 평가되는 공포가 전제정에서 비롯된다는 이유에서였다. 공포를 조장하는 전제정은 개인의 자유와 상극이니 회피와 비난의 대상일 수밖에 없었.

의회 내 제1당의 중진 의원들조차 극렬 맹동 당원이나 네티즌, 유력 언론인의 비판과 문자 폭탄이 두려워 합리적인 정견을 표출하지 못하는 사태는 현대판 전제정이라 해도 과언이 아니다. 여론의 포퓰리즘적 조작을 통해 이성적이고 합리적이며 자유롭고 다양한 정견의 표출을 차단하는 행태는 민주주의와는 거리가 한참 멀다. 그것은 저급한 여론 몰이를 통한 전제정에 가깝다 할 것이다. 몽테스키외가 자율적 결사체나 독립적 사법권을 지닌 국가 기구가 활발하게 제 기능을 발휘할 수 있는 상태를 자유 실현의 전제 조건으로 상정한 이유가 바로 여기에 있다. 자율적 결사체와 독립적 사법 기관은 특정 집단이 조장하는 여론의 독점을 제어할 수 있기 때문이다.

몽테스키외는 자유를 법이 허용하는 일을 행할 수 있는 권리라 규정했다. 그는 인민의 직접적 정치 참여보다는 외적 강제나 억압으로부터의 자유를 중시하였다. 자유가 외적 강제와 억압을 배제하는 법적 범주 내에서만 실현될 수 있다면 자유는 안전과 통용되는 개념이라 할 수 있다. 안전을 전제로 하는 자유는 이사야 벌린$^{Isaiah\ Berlin}$ 식의 구분법에 따르면 소극적 자유에 가깝다. 몽테스키외는 삼권 분립이 실현된 온건한 제한 정부$^{moderate\ government}$에서 개인의 자유와 안전이 보장될 수 있다고 생각했다.

몽테스키외는 고대 공화정에서 강조하는 도덕적 덕성 함양보다는 법에 대한 존중과 조국에 대한 사랑을 중심으로 한 정치적 덕성을 중요시하였다. 그는 고대의 인문학적 가치보다는 근대의 실용적 가치를 중시한 것으로 보인다.

몽테스키외는 인간의 이기적 욕망 때문에 고대인들이 강조한 도덕적 덕성을 실현하는 삶을 살아가기는 사실상 불가능하다고 보았다. 그것은 수도원의 금욕 생활과 다를 바 없는 것이기 때문이었다. 그는 마키아벨리와 마찬가지로 공화국에 필요한 정치적 덕성을 도덕이나 윤리, 종교적 심성이 아니라 국익 증진과 같은 실용적인 측면에서 찾았다.

정작 속으로는 이권 추구에 혈안이 돼 있으면서 겉으로는 선비의 고결함과 지사적 의기를 강조하는 자칭 진보 진영 정치인들의 면면이 문득 뇌리를 스친다. 특히 86세대 운동권 출신의 정치인들은 군사 독재 정권 시절의 학생 운동을 순수한 민주화 투쟁으로 치장하면서 정치적 자산을 축적하고 자신들의 정체성을 가다듬어 왔다. 이들 중 과격분자들은 자유 민주적 질서 회복이 아니라 인민 민주주의에 입각한 폭력 혁명을 꿈꿨으면서도 과거의 전력을 숨겼다. 엄혹한 시절의 희생자들일 수 있어 얼마간의 은폐는 이해가 되나 왜곡과 미화까지는 용서하기 힘들다.

극기의 도덕적 관념을 지나치리만치 이상화한 결과 이들의 표리부동한 행태는 더욱 두드러졌다. 애초 설정한 목표가 도달하기 힘들 정도의 비현실성을 담지하고 있을 경우 이념은 과격해지고 그에 비례해 행위자의 부패와 졸렬함은 더욱 극심해진다. 명확한 전선을 치고 적과 대적하는 데

익숙한 집단이라 세력 결집을 통한 권력 투쟁에는 능할지 몰라도 조직 형성과 운동 과정에서 민주적 분위기를 확산시킨다거나 사회를 발전적으로 이끌어 나갈 역량은 턱없이 부족했다. 조직 보위와 선전 선동 능력에 의존한 채 정치 활동을 이어 오다 보니 당내 민주화와 정책 정당으로의 쇄신 작업은 뒤로한 채 야만적인 권력 투쟁에만 골몰했다.

몽테스키외는 『법의 정신』의 도입부 격으로 평가되는 『로마 성쇠 원인론』이라는 저작에서 로마의 군사적 대외 팽창 정책이 남긴 성과를 높이 평가하면서도 여기에 내재한 유혈과 극심한 갈등을 비판적 시각에서 바라보았다. 그는 이러한 호전적 폭력성의 원인을 검투사 문화와 가부장제에서 도출했다. 거짓 명예의 개념에 사로잡힌 정치 행위는 당파 간의 피 튀기는 파쟁을 조장하여 민생을 파탄 내고 공화국을 폐허로 만들 뿐이다. 실제로 몽테스키외는 국가의 모든 당파를 정쟁으로 이끄는 원인이 거짓 명예에 있다고 역설한 바 있다. 정치권 내의 여러 당파가 각자의 이권 추구와 긴밀히 연계된 이데올로기에 집착하면 정쟁은 격화되고 민생을 포함한 공공의 복리는 심히 저하될 수밖에 없다. 데마고그에 의해 주도되는 이데올로기의 과잉은 망국의 지름길이다.

몽테스키외는 플라톤을 위시한 고대 사상가들과 달리 경제적 부의 추구와 덕성이 양립 가능하다고 주장했다. 그는 상업에 적극적으로 종사하는 개인은 거대한 부를 지니지만 내적 습성이 타락하지 않을 것이라고 단언했다. 상업의 정신the spirit of commerce은 검약, 경제, 절제, 노동, 지혜, 안정, 질서, 규칙성의 정신을 초래하기 때문이라는 이유였다. 특히 상업적 이해관계에 관심을 기울이게 되면 자연스럽게 절제의 미덕을 증진시킬 수 있다고 하면서 상업을 통한 부의 축적과 도덕적 감성의 양립 가능성을 적극적으로 인정한 점은 몽테스키외 정치 이론의 근대적 측면을 단적으로 드러낸다. 자본주의적 발전과 자유주의의 증진이 맞물린 근대 민주주의 사상의 단서를 여기서 확인할 수 있기 때문이다.

앞서 언급한 바와 같이 로크는 입법권과 집행권을 구분하면서 사법권을 집행권에 종속시키는 듯한 통치 체제를 제시했다. 이에 비해 몽테스키외는 서구 역사상 최초로 입법, 행정, 사법의 삼권 분립을 언급했다. 그는 삼권 분립뿐만 아니라 동일한 세력에 의해 삼권이 장악되는 현상도 인민의 자유를 해치고 안정적인 국가 운영을 방해한다고 생각했다. 이는 몽테스키외가 권력의 기능적 분리뿐만 아니라 국가 내 주요 정치 세력들 간의 견제와 균형도 중요한 현안으로 인식하고 있었음을 보여 준다. 몽테스키외는 동일한 귀족이나 시민 집단에서 차출된 동일한 계급이나 계층의 무리가 입법, 행정, 사법권을 독점하면 국정은 파탄에 이르게 될 것이라 경고했다. 그는 기능적 차원에서의 권력 분립뿐만 아니라 평민, 귀족, 군주의 권한이 고루 분배되는 혼합정을 가장 효율적인 정치 체제로 간주한 것으로 보인다.

동지라는 명목으로 동일한 가치관을 공유하는 사람들이 배타적인 집단을 형성하여 상대 진영을 악마화하는 팬덤 정치는 민주주의를 파괴하는 파시즘의 전조라 할 만하다. 1987년 6월 항쟁 이후 제도적 민주주의의 진전에 걸맞지 않게 실질적 민주화의 수준이 퇴보한 듯한 양상을 띠는 것은 정계나 시민 사회 할 것 없이 세력 균형의 고리가 상실되었기 때문인 것으로 보인다. 특정 정파나 팬덤 집단에 의한 여론 독점이 아니라 여러 집단들이 개진하는 다양한 정견들이 공정하게 경쟁하는 분위기가 조성되어야 실질적 민주주의의 활성화를 기대할 수 있다. 그것은 몽테스키외도 지적한 것처럼 제도적 차원의 권력 분립뿐만 아니라 특정 세력에 의한 정치 독점을 방지하는 것에서 시작할 수 있다.

정치를 가치의 합리적 배분으로 정의한다면 다음과 같은 비유가 적절할 듯싶다. 활발한 교역을 통해 자본이 원활하게 순환해야 경제가 활성화되어 사회적 효용의 증진을 기대할 수 있듯이 자유로운 정치적 공론장을 통해 다양한 정치적 견해가 활발히 소통될 수 있어야만 정치가 활성화되어 균형 잡히고 합리적인 가치의 배분이 실현될 수 있다. 박제화된 몽테스키외의 삼권 분립론을 교과서에서 끄집어내어 현실에 적극적으로 활용해야 할 이유가 바로 여기에 있다.

에드먼드 버크의 보수주의와 진보 정치의 미래

일반적으로 보수주의의 사상적 특성은 다음과 같이 요약된다. 먼저 보수주의는 종교와 같은 불변하고 초월적인 도덕적 질서가 실재한다고 믿는다. 추상적 이론에 입각한 획일적 평등 정책보다는 태생적 불평등에 따른 존재의 위계와 다양성을 인정해야 한다는 논리를 강조하기도 한다. 사적 소유권을 적극적으로 인정하는 바탕 위에서 구성원들 간의 경쟁과 경제적 효율성 제고를 강조하는 것도 보수주의의 주된 특성이다. 특히 추상적 설계에 따라 사회를 재구성하려는 급진 개혁보다는 법과 규범에 입각한 사회 질서 유지를 우선적으로 고려하고 부조리에 대한 교정과 개선을 통해 안정적으로 체제를 이끌어 가려는 목적성을 강조하는 것은 보수주의 정치 이념의 핵심이라 할 수 있다.

에드먼드 버크$^{Edmund\ Burke}$를 비조로 삼는 서양의 보수주의와 비교하여 우리나라의 보수주의는 어떤 특성을 띠는가? 소련과 동유럽 공산 체제의 붕괴로 냉전이 종식되었음에도 분단 체제의 장기적 고착화로 세계 유일의 냉전 지역으로 남아 있는 한반도의 지정학적 특성을 우선적으로 고려해야 할 것이다. 한국 전쟁을 필두로 한 남북 간의 치열한 체제 경쟁은 냉전에 수반된 분단 체제의 산물이다. 체제 경쟁의 심화로 남과 북 모두 독재 체제가 들어섰고 상대 진영의 이념을 맹렬히 공격하는 상호 적대적 분위기가 확산되었다. 북한은 김일성 일가의 3대 세습으로 대변되는 수령 유일 독재 체제가 여전히 맹위를 떨치고 있고 남한 사회에서도 반공 이데올로기가 군부 독재 정권을 지탱하는 주된 정치 이념으로 장기간 군림했다.

반공주의는 친미주의 및 경제 성장 제일주의와 결합하면서 남한 보수주의의 핵심 이념으로 자리 잡았다. 보수 우파 이념의 중핵이라 할 수 있는 민족주의보다 냉전형 반공주의가 우세한 게 한국 보수주의의 특성이라 할 수 있다. 이는 일본 제국주의로부터의 식민지 해방이 반일 무장 독립 투쟁 세력이 아니라 미국과 소련과 같은 강대국들에 의해 이루어진 결과였다. 2차 대전 직후 미국과 소련은 자유주의와 공산주의 간의 이념 대립을 주도하며 세계를 양분하였다. 자력이 아닌 미국과 소련을 위시한 강대국들에 의해 독립을 되찾은 나라에서는 탈식민 민족 해방 세력이 정계의 주도권을 장악하지 못했다. 냉전의 첨단에 있던 한국에서 친일 경력의 하급 관료나 전문직 종사자들이 친미 반공주의자로 변신하여 한국 사회의 주류를 형성한 것은 전혀 놀랄 만한 일이 아니었다. 급속한 경제 성장 과정에서 주류 내 미묘한 계층 변화가 감지되기도 했으나 애초 형성된 계층 구조는 큰 변동 없이 지속되었다.

한반도의 분단 체제는 예외지만 현재는 공식적인 수준에서 냉전이 종식되고 경제력을 기준으로 한 남북 간의 체제 경쟁도 남한의 일방적 우위로 끝난 시점이라 할 수 있다. 극복해야 할 적대적 대상이 사라지거나 그 세가 현저히 약화된 현실에서 남한의 보수주의는 대북, 대중 적대 분위기와 한, 미, 일 남방 삼각 동맹을 강화하는 방향으로 재편되고 있다.

냉전이라는 비극적 국제 질서는 독립된 민족 국가 건설을 어렵게 했다. 6·25와 같은 동족상잔의 비극은 사상과 견해의 다양성을 보장하기보다는 반공주의를 중심으로 한 이념적 획일성을 강화했다. 정치·군사·경제 모든 면에서 미국의 압도적 영향권 내에 있던 한국에서는 상황의 변화와 무관하게 필수적으로 지키고 보존해야 할 전통과 관습이 부재한 듯했다. 친미 반공을 바탕에 두고 수출을 통한 경제 성장과 실용성, 효율성 등을 강조한 한국형 보수주의는 자생적 역사성을 결여한, 천박한 현상 유지 이론처럼 여겨져 왔던 게 사실이다.

월남민들로 구성된 극렬 반공주의 단체인 서북 청년단이 자행한 백색

테러와 노덕술, 김창룡 등 친일 경찰과 군인들이 조성한 공안 정국 모두 친미 반공주의를 주축으로 한 한국형 보수주의의 산물이다. 냉전이라는 대외적 상황을 상수^{常數}로 해서 조성된 한국형 보수주의는 친미적 신생 반공 국가 대한민국을 탄생시켰다. 우리가 기억하고 계승해야 할 찬란한 유산이 반공주의와 민주주의 보류를 전제로 한 경제 개발주의라면 조금은 부끄러운 생각이 들 법하다. 과거에 대한 평가는 각자의 정치적 관점에 따라 다를 수밖에 없다. 남한만의 단독 정부를 수립을 건국으로 보든, 박정희의 개발 독재를 구국의 일념으로 보든 그것은 모두 개인의 자유다. 그러나 보수주의에서 계승할 가치가 있는 역사와 전통은 품위와 격조가 있는 유산이다.

경제 성장이 자본주의는 물론 마르크스주의에서도 강조되는 점을 고려하면 한국형 보수주의의 차별성은 반공주의에서 찾을 수 있다. 특정 이념을 반대하는 부정적 가치관은 새로운 현실을 주도하지 못한다. 미래 지향적 특성은 긍정적 가치관에서 비롯되기 때문이다. 전통과 역사, 관습을 중시하는 보수주의 이념이라도 사회의 발전을 바란다면 부정적일 필요가 없다. 부정적이고 적대적인 이데올로기와 천박한 발전 이론이 보수주의의 핵심이라면 그것은 조금 어폐가 있다는 생각이다.

그렇다면 한국 보수주의의 폐해를 지적하며 대안적 움직임을 보였던 정치 세력은 없었는가? 야당 정치인이나 재야 민주 세력, 그리고 대학생을 중심으로 한 학생 운동권 세력을 먼저 거론할 수 있다. 이들은 냉전 반공주의에 입각한 개발 독재 체제하에서 허울뿐인 상태로 존재하던 민주주의 회복을 목적으로 반정부 투쟁에 앞장선 세력이다.

민주화 운동 세력 중에는 자유 민주주의 회복을 목표로 반독재 투쟁에 나섰던 집단도 있었지만 소련이나 북한식 인민 민주주의를 신봉하며 체제 전복적 차원에서 반독재 투쟁을 전개했던 이들도 있었다. 이승만 독재 체제와 박정희를 위시한 군부 독재 시기에 민주화와 평화 통일을 부르짖던 자유주의자들조차 공산주의자로 지목되어 고초를 겪은 바 있다. 독재 세력은 권력 유지를 위해 반정부 세력을 모두 '빨갱이'로 몰아 탄압하였다. 보수주의의 탈을 쓴 파시즘 독재 체제가 한국형 보수주의의 전형이었다.

상이한 역사 문화적 전통에 따라 보수주의의 형태 또한 국가마다 다양하게 나타날 수밖에 없다는 현실을 인정하더라도 한국의 보수는 품격이 다소 떨어지는 게 사실이다. 추상적 이론에 입각해 복잡다단한 현실의 모습을 간과한 채 단순하고 일방향적인 방식으로 개혁을 단행하는 혁명의 위험성을 경고했던 보수주의를 상기하면 더욱 그러하다. 한국의 보수주의는 권력 유지에만 집착해서 그런지 지나치게 수세적이고 피동적이었다. 지키고 가꿔 나가야 할 전통과 역사를 설득력 있게 제시하며 사회 안정과 점진적 개혁의 청사진을 제시한 것이 아니라 자신들에게 조금만 위협이 될 만하면 빨갱이로 몰아 족치고 거세하려 들었다. 적어도 한국 사회에서 보수는 수구, 반동, 독재와 동의어로 인식되었다. 진보 혁신 세력과 정책 대결을 벌이는 이념적 라이벌 관계가 아니라 이권 추구를 일삼는 폐쇄적 권력 집단이 보수 세력과 동일시되면서 한국의 보수는 품격을 상실했다.

보수의 몰락은 자연히 진보 개혁 진영의 정권 탈환으로 이어졌다. 문재인 정권의 등장과 21대 총선에서의 더불어민주당 압승은 진보 세력의 영구 집권을 예상케 할 정도였다. 그러나 20대 대선에서 윤석열이 당선됨으로써 애초의 시나리오는 온데간데없다. 박근혜 탄핵 이후 보수의 쇄신이 명확하게 이루어지지 않았다는 점을 고려하면 윤석열의 당선은 보수의 정권 탈환으로 보기에는 무리가 따른다. 진보 개혁 진영의 실정과 정치적 무리수 남발이 윤석열 당선의 원인이었다고 보는 편에 무게가 실린다.

　진보 개혁 진영이 정권 재창출에 실패한 원인은 보수 진영의 폐해를 그대로 반복했기 때문인 것으로 보인다. 현실적 상황을 면밀히 고려하지 않으면서 적폐 청산, 소득 주도 성장, 검찰 개혁 등 멋들어진 혁신 개혁 담론들만 앞세우고 이에 반대하는 세력을 토착 왜구나 반개혁 수구 반동 세력으로 악마화한 것이 패착이었다. 반독재 투쟁 시기 반미 자주화 노동 해방을 외쳤던 체제 전복적 급진 운동권 이념이 적과 동지를 명확히 구분하는 흑백 논리적 진영 논리로 귀결된 느낌이다. 정권 유지와 재창출을 위해 추상적 이데올로기를 앞세워 여론을 조장·분열하고 상대 진영의 궤멸을 획책한 행태는 반공주의와 경제 성장 제일주의를 앞세워 민주화 세력을 탄압한 과거 한국 보수 세력의 악행과 다를 바 없다. 사회 안정화와 발전에 기여하며 품위와 격조를 겸비한 전통과 관습이 아니라 오직 정권을 보수保守하겠다는 의지가 노골화됨으로써 다수 유권자의 지지를 상실한 것이다.

　창업創業보다 수성守成이 어렵다고 했던가. 진보 개혁 진영이 정권 탈환 후 관심을 집중해야 했던 일은 죽창가 부르기나 '토착 왜구' 색출, '검수완박'이 아니라 민주주의와 진보 정신의 계승과 증보였다. 친정부 강성 지지층의 사이버 여론 조작과 테러를 민주주의의 양념으로 칭송하고 말로만 서민과 사회적 약자를 위한 정책을 추진하겠다 했던 작태는 민주주의와 진보 정신의 확충과는 거리가 멀다. 모든 정치적 현안을 사생결단의 전쟁 상황으로 몰고 가서 상대 진영의 절멸을 획책하는 정치 형태는 진보는 물론 보수주의와도 결을 달리한다.

　586 운동권 정치인들이 주도한 적대적 정치 현실은 창업 후 수성 시에 필요한 보수주의와 완전히 궤를 달리한다. 민주주의와 진보 정신 대신에 한시적이고 알량한 권력과 이권을 보수의 대상으로 삼았기에 이들의 수

성 책동은 과거 군부 독재 시기의 정치 행태와 다를 바 없다. 이들은 민주화 운동 시기에 독재 정권의 파쇼적 권력 세습 의지를 보수주의와 동일시하며 맹렬히 비판했다. 그러나 정작 자신들이 집권하고 난 후에는 이것을 극복하기는커녕 동일한 방식으로 반복했다. 이들이 반독재 투쟁을 통해 얻은 교훈은 파쇼적 권력 세습 의지의 자기화였다.

에드먼드 버크는 프랑스 혁명이 한창이던 1790년 『프랑스 혁명에 관한 성찰』이라는 저서를 출간하며 일약 보수주의 정치사상의 총아로 떠오른다. 원래 버크는 온건 개혁주의 성향의 휘그당 소속 정치인이었다. 영국 근대 정치사에서 휘그당은 국왕보다는 의회의 권한을 중시하며 자유주의와 자유 무역을 지지하는 성향을 띠었다. 휘그는 대지주층의 이익을 대변하며 보수적인 색채를 강하게 띠고 있던 토리당과 경쟁하며 영국식 양당 체제의 근간을 형성했다.

버크는 영국의 헌정 체제가 모든 영국인들의 안위는 물론 개인의 자유와 법 앞에서의 평등, 품위 있는 삶의 기회를 영국인들에게 보장한다고 주장했다. 그는 아메리카 식민지에 현지인들의 동의 없이 세금을 징수했던 조지 3세$^{George\ III}$를 교활한 폭군으로, 현지의 사정을 고려치 않고 자의적 통치를 일삼던 인도 벵갈 주재 동인도 회사 총독 워렌 헤이스팅스$^{Warren\ Hastings}$를 파렴치한 약탈자로 평가했다. 버크는 모든 국가는 신의 섭리로 만들어진 것으로 보았다. 여기에는 비기독교의 신도 포함된다. 인도 총독 헤이스팅스가 현지의 종교와 의례를 탄압하고 파괴한 행위를 비판한 것은 이러한 맥락이다.

버크에 따르면 정치인들은 순간의 하찮은 이득을 지향하거나 덧없는 대중의 찬사에 현혹되지 말아야 한다. 전통과 규범은 문명화된 인간을 안내하는 등불이다. 정치인은 인민의 정치적 의사를 단순히 대리하는 자가 아니라 공공의 선을 실현하는 정치적 책무를 수행하는 자이다.

외교관은 파견 국가의 최고 정치 지도자에게서 명령을 위임받아 외교 업무를 대리하지만 선거를 통해 선출된 정치인들은 유권자인 인민의 명령을 대리해서 수행하는 것이 아니라 인민에게 책임을 진다. 버크의 이러한 논의는 강성 지지층의 눈치를 보며 포퓰리즘적 여론 조성과 정책 입안에 집착하는 한국의 현행 정치 현실을 비판하는 논거로도 활용될 수 있다.

특정한 시간과 장소에서 특정인에게 부여되는 권리가 제도화되는 것이지 보편적인 인권이나 자연권은 존재하지 않는다. 버크가 활동하던 시대에는 인간의 이성과 합리성을 중시하며 인류의 무한한 진보를 꿈꾸던 계몽주의가 득세했다. 버크는 계몽주의적 이성의 이면에 존재하는 인간의 복합적 성향을 종합적으로 파악할 수 있는 시각을 지니고 있었다. 역사를 통해 면면히 이어져 온 인류의 집단 지성과 전통적인 생활 관습은 혁신과 진보를 주창하는 인간 이성의 오만함을 상쇄시킬 수 있는 역량을 지닌다. 기독교적 겸손함에다 폭넓은 지식과 날카로운 비판 정신을 겸비했던 버크는 계몽주의의 낙관론과 지적 오만을 교정할 수 있는 논리적 힘을 보수주의에서 찾았다.

버크는 변화 자체를 부정하지 않았다. 추상적 이성보다는 전통이나 관습, 선입견을 높이 평가했던 그는 개인의 욕망이 개입된 의도적이고 계획적이며 급진적인 변화를 부정했을 뿐이다. 대신 그는 신의 섭리에 따른 쇄신, 즉 심오하며 서서히 진행되는 자연스러운 변화를 수용했다. 그는 "모종의 변화를 위한 수단을 갖지 않은 국가는 보존을 위한 수단이 없는 것이나 다름없다."라고 했다. 보존^{conservation}과 교정^{correction}은 점진적 변화를 통해 사회 질서를 유지하고 사회 발전을 꾀하는 보수주의의 핵심 관념이다. 버크는 사회나 체제의 기본 틀을 유지하는 한도 내에서 상황에 맞는 필수 불가결한 변화를 점진적 개혁의 밑바탕으로 삼고자 했다. 이러한 관점에서 버크는 영국의 명예혁명을 옹호하고 정당화했다. 명예혁명은 영국식 헌정 질서의 근간을 유지하면서 필요한 부분에 한해 개혁을 단행했다는 것이다.

버크는 물질적 만족은 저급한 욕망 충족에 불과하고 이성을 갖춘 이는 소수이기 때문에 이성은 인생의 나약한 버팀목에 불과하다고 보았다. 그는 신의 섭리가 인간 사회를 운용하는 기본적 사회 원칙이며 신의 섭리에 복종하는 삶이 정의에 부합한다고 주장했다. 버크는 인류의 집단적 지혜와 정제된 경험은 이성의 오만과 오류에서 인간을 구제한다고 생각했다. 진정한 자연적 권리는 신과 법 앞에서의 평등, 소유권의 안전한 보장 등을 뜻했다. 버크가 보기에 프랑스 혁명에서 이야기하는 절대적 자유는 자연적 정의를 거스른다. 태어나면서부터 모든 인간이 절대적으로 자유롭고 평등하다는 논리는 자연의 순리에 맞지 않는 것이었다. 천부인권天賦人權과 절대적 자유, 평등의 관념은 인간의 이기적 성정과 편협한 견해의 발로일 뿐이라는 것이다.

버크는 사회악의 뿌리는 신비로운 신의 행진에 주제넘게 간섭하는 인간의 본능에 있다고 보았다. 프랑스 혁명은 이성의 빛을 온 세상에 비추는 계몽주의의 정점이 아니라 신의 섭리에 도전한 무질서라는 질병을 양산했을 뿐이었다. 버크가 보기에 이성과 합리성으로 포장한 인간의 오만은 프랑스 혁명이라는 역사적 사건을 폭력과 독재로 가득 메웠다. 혁명은 거대한 정치적 격변이라 엄청난 사회적 혼란을 동반하는 것이 역사적 현실이다. 대규모의 혼란과 무질서보다는 적절한 개선을 통한 사회 질서 유지와 안정을 중시했던 버크의 보수주의적 관점에서 프랑스 혁명의 결과를 비관적으로 묘사한 것은 당연해 보인다. 그러나 폭력과 테러로 점철된 공포 정치를 거쳐 민중의 인기를 독차지한 나폴레옹의 독재로 귀결된 프랑스 혁명의 과정을 복기하면 버크의 역사적 선견지명을 인정하지 않을 수 없다. 버크는 극단의 시기에도 불가피한 부분에서만 제한적으로 변화가 발생해야 한다고 주장했다. 그는 레볼루션Revolution의 어원 그대로 '회전', 즉 확립되었거나 정해진 질서로 복귀하는 정치 형태를 옹호했다. 버크가 유혈을 동반한 동란 없이 정치적 변환을 이룩한 명예혁명을 높이 평가하고 프랑스 혁명을 신랄하게 비판한 것은 바로 이런 이유에서였다.

루소는 자연 상태의 인간은 본질적으로 선하지만 문명 사회를 지배하는 제도에 의해 타락한다고 했다. 이에 반해 버크는 인간은 선과 악의 성향을 겸비한 까닭에 전적으로 선하다고 할 수 없으며 자연 상태보다는 오히려 최악의 시민 사회가 더 낫다고 보았다. 그가 보기에 이성은 한계가 명확하여 편견, 관습, 전통 등이 삶에 훨씬 유용하다. 따라서 인간이 응당 누려야 한다고 가정되는 권리보다는 인간의 욕망에 관심을 집중해야 한다. 권리는 추상적 이론의 산물이지만 욕망은 인간의 자연스러운 정서나 감성의 산물이기 때문이다. 편견이나 관습, 전통에 관심을 집중하는 삶은 이성보다는 경험적 관찰과 교훈에 방점을 둔다.

버크가 말하는 편견은 굳이 이성을 활용하지 않고서도 개인이 예측할 수 있고 유익한 반응을 도출하는 마음의 안정된 경향이나 습관을 뜻한다. 버크에 따르면 사회는 훌륭한 편견과 제도를 중심으로 잘 통합된 전체이다. "사회는 일종의 계약이고 산 자, 죽은 자, 앞으로 태어날 자들 간의 동업이다." 버크는 사회 계약에 따른 국가의 형성을 인정하긴 했으나 계약에서 개인의 동의와 계약 파기 시의 인민의 저항권은 부정하였다. 이유를 막론하고 국가나 제도에 대한 불복종은 무정부 상태의 도래를 조장하는 것과 같다고 보았다.

버크는 특정 개인의 태생적 우월성을 인정하지 않았다. 그러나 재산이나 사회적 지위의 상속에 수반된 사회적 불평등은 불가피하다고 보았다. 자연이 위계적인 논리로 구성되어 있듯이 인간 사회의 불평등 또한 당연한 것이었다. 평등은 자연적 질서를 전복하고 사회 질서를 파괴한다. 이러한 논리에 근거해 버크는 민주주의와 공화정에 반대했다. 그는 적정한 재산과 능력을 겸비한 귀족 계급이 통치를 전담해야 한다는 논리를 폈다.

 국가, 사회, 개인적 양심은 쌓았다 흩트리기를 쉽게 반복할 수 있는 조립식 장난감 블록이 아니다. 인간의 본성은 미묘하고 사회를 구성하는 여러 구성 인자들은 복합적으로 엮여 있기 때문이다. 버크는 프랑스 혁명과 같이 일반 의지나 공화주의, 보편적 인권 등 추상적 이념을 통한 급격한 정치적 격변은 이러한 인간의 본성에 상응하지 않는다고 보았다. 권력의 단순하고 일방향적인 배치는 복잡 미묘한 인간의 본성을 사장시켜 자연의 질서를 거스르기 때문이라는 것이다. 사회는 장식용 직물과 같아서 문제가 생기면 직물의 한 귀퉁이가 조심스럽게 수선되어야 하며 한 올의 당겨진 실이 전체 직물 구조를 망치는 일이 없어야 한다. 버크가 보기에 프랑스 혁명은 인간의 이러한 복잡 미묘한 속성을 간과했고 경험이 아닌, 이론으로 점철된 추상의 인간이 주도한 사건이다.

 버크는 신중한 정치적 성향, 상황에 대한 세심한 통찰력, 오랫동안 확립된 관습이나 신념의 잠재적 지혜를 존중하는 태도를 통해 자유의 조건이 양육되어야 한다고 주장했다. 그는 자신에게 속한 자연스럽고 고귀한 문화적 전통을 부정하면 지금껏 이룩한 문명의 상황은 악화될 수밖에 없다고 보았다. 전통과 관습을 폐기하는 혁명은 문명의 퇴보 상황으로 귀결될 수밖에 없다는 것이었다. 버크가 프랑스 혁명의 주창자들에게 "당신들은 점점 나쁜 상황에 직면하게 될 것이다. 당신들은 당신들에게 속한 모든 것을 경멸하기 시작하고 있기 때문이다."라고 한 것은 이러한 점을 지적한 것이다. 그는 급진적 시민 혁명에 맞서 전통과 관습을 수호하는 보수의 진정한 아이콘이었다.

 루소는 "사람들은 자유롭게 태어나지만 도처에서 사슬에 묶여 있다."라고 했다. 이 말은 문명화가 인간의 본원적 자유를 억압한 원흉이라는 뜻이다. 버크는 루소와 달리 인간이 비참한 자연 상태에서 벗어날 수 있는 기반을 문명화가 제공했다고 생각했다. 그는 이론적인 계획에서 도출된, 추상적이고 전면적인 개혁은 위험하다고 생각했다. 버크가 보기에 빛과 이성의 시대를 주도한 프랑스 혁명의 주창자들은 삶의 품위 있는 휘장the decent drapery of life을 찢어 버렸다.

정치 혁명을 부르짖는 사람들은 인류가 수백 년에 걸쳐 축적한 다양한 문화적 전통에 빚지고 있다는 사실을 제대로 인지해야 한다. 자연 상태의 비참함을 극복하는 데 필요한 문화적 전통과 관습이 없다면 인류 사회의 진보라는 계몽주의의 원대한 목표 또한 달성될 수 없다. 개혁과 혁명이 다수 구성원의 지지를 얻으려면 과거의 일을 모두 적폐로 몰아 절멸시키려 해서는 안 된다. 자유 민주주의를 강조했던 세력이 빨갱이 사냥과 정경 유착을 일삼았다 해서 자유 민주주의를 폐기하고 인민 민주주의를 채택할 수는 없는 노릇이다. 자유 민주주의가 인민 민주주의에 비해 우월한 정치 이념이라서가 아니다. 자유 민주주의 체제는 사유 재산과 시장을 통한 활발한 영리 추구 활동을 보장하는 자본주의 경제 체제와 능력 본위의 경쟁 시스템을 한국 사회에 정착시켰다. 내적 모순과 폐해를 간과할 수는 없지만 한국이 세계 자본주의 시스템의 일원으로 활동하며 이룩한 빛나는 성과는 자유 민주주의 체제의 채택에 힘입은 바 크다. 한국이 산업화와 민주화를 동시에 달성할 수 있었던 배경에는 인민 민주주의가 아니라 자유 민주주의가 있었다. 수령 1인 독재로 변질되었다고는 하지만 인민 민주주의를 채택한 북한의 참혹한 현실을 고려하면 이러한 평가가 결코 과장된 게 아님을 알 수 있다.

자유 민주주의는 개혁과 혁명을 외치면서도 견지해야 할 삶의 품위 있는 휘장이라 할 수 있다. 사회의 현실을 고려하지 않고 평등의 이념을 과도하게 강조하며 시행하는 정책은 공허하고 추상적인 선전 문구로 머물

확률이 높다. 국민의 동의를 획득한다는 명분으로 이상적 정책을 제시하고 그것을 기준으로 여론 몰이를 하는 행태는 선동적 정치의 전형이다. 문재인 정권 시기에 시행된 친서민적 경제 정책 대부분이 실패로 돌아간 것은 바로 이 때문이다. 정치적 입장과 무관하게 이념이 현실을 압도할 수는 없다.

자본주의 사회의 탐욕과 사회주의 체제의 인본주의적 윤리관을 대비하며 감상적 혁명의 꿈에 젖어 있다면 계몽의 빛으로 몽상을 일깨워야 한다. 새 시대에 상응하는 개혁과 혁명은 혁명의 실패가 제공한 역사적 교훈을 자양분으로 삼아야 한다. 사회 진보를 위해 소환하는 역사와 전통은 실패한 혁명을 주제로 한 몽상의 시학이 아니다. 냉엄한 현실을 기준으로 검증된 역사의 교훈을 되새기는 것이 사회 진보를 앞당기는 일이다. 보수주의 사상의 현대적 의미는 여기서 찾을 수 있을 것이다. 현실에서 유리된 추상적 이념에 휘둘리지 않기 위해서는 보수주의의 가치를 적극적으로 수용할 필요가 있다.

버크는 정치적 대표자를 인민의 대리인이 아니라 공공의 선을 담보하는 피 신탁인으로 규정했다. 진보와 보수를 막론하고 정치를 통해 공공의 선을 실현하기 위해서는 전통과 혁신의 적절한 조화와 균형이 필요하다. 법고창신法古創新의 정신이 정치의 성공을 보장할 수 있다. 보수주의의 본의를 파악하면 보수주의를 구태와 반동으로 폄하할 수 없다. 보수주의의 이념적 비조인 버크의 사상에 주목하는 이유이다.

칸트의 정언 명법과 86세대 정치인들의 위선

검은 색안경을 끼면 세상은 검게 보일 것이고 빨간색 색안경을 끼면 사물들은 온통 빨갛게 인지될 것이다. 같은 사람이라도 시점이나 관점에 따라서 사물이 달리 보인다면 서로 다른 관찰자일 경우 상황은 더욱 복잡해질 것이다. 인식의 과정을 조금만 더 깊숙이 생각해 보더라도 관찰자 누구나 공통적으로 인지하는 사물의 본질은 존재하지 않는다는 사실을 발견할 수 있다. 관찰자는 각자 착용한 렌즈와 필터를 통해 사물을 인식한다. 그러나 사물의 본질을 파악할 수 없다고 해서 드러나는 현상 자체 또한 앎의 대상일 수 없는 것은 아니다. 시간과 공간 속에서 모습을 드러내는 자연과 인간 세계의 여러 현상을 우리는 미리 주어진 인식의 범주를 통해 분석적으로 파악해 낼 수 있다.

칸트는 서양 근대 인식론의 양대 줄기라 일컬어지는 합리론과 경험론을 종합한 계몽 철학의 완성자라는 평가를 받는다. 인간의 앎과 행동, 희망의 범주를 정확히 설정하려 했던 칸트의 사상은 비판 철학으로 요약된다. 인식론을 종합하고 비판 철학을 체계화한 칸트는 서양 근대 철학의 대변인 격으로 평가된다. 특히 "네 행위의 준칙이 너의 의지를 통해 자연의 보편 법칙이 되도록 행동하라."라는 칸트의 실천 이성은 인간의 자유를 담보하는 보편 윤리학의 금언으로 회자되고 있다. 인간을 수단이 아닌 목적으로 대하라던 칸트의 윤리학은 도덕과 윤리 교과서에서나 나오는 진부한 격언이 아니다. 강요된 권위와 건전한 전통의 차이는 지속성과 보편적 적절성일 것이다. 위선과 거짓, 갈등과 혐오가 판치는 정치 현실에서 윤리학을 중심으로 칸트 사상에 주목해야 할 이유가 바로 여기에 있다.

칸트는 계몽의 정의를 '감히 알려고 노력하라$^{sapere\ aude}$'라는 말로 요약했다. 이는 무지와 과오로 점철된 정신적 미성숙 상태에서 벗어나 자연과 인간 존재에 대한 심층적 이해를 강조하는 의도를 담고 있다. 이성을 적극적으로 활용해 부조리한 법과 권력을 공개적으로 비판함으로써 자유를 만끽하는 게 계몽적 주체의 임무였다. 대신 그것은 국가의 법령과 사회 질서 내에서 통용되어야 했다. "원하는 만큼 원하는 바를 주장하라. 그러나 복종하라."고 한 것처럼 칸트는 소크라테스와 마찬가지로 무정부주의를 지극히 경계했다. 그는 프랑스 혁명을 인류 최초로 자유를 추구한 사건으로 상찬하며 인간의 도덕적인 진보의 가능성까지 간취했지만 혁명을 통한 체제 전복에는 반대했다. 당시 칸트가 공안 당국을 의식해 얼마만큼 자기 검열을 행했는지는 알 수 없으나 반역은 죄악이라는 것이 칸트의 입장이었다.

칸트는 아무리 부당한 법률이나 제도라도 그것이 없는 상태보다는 낫다고 보았다. 적폐 청산과 개혁의 명분이 아무리 소중해도 법률마저 무시할 수는 없다. 준법정신이야말로 민주주의의 기본이기 때문이다. 악법이 아니었음은 말할 것도 없고 소송의 과정 또한 적법했음에도 재판 결과마저 수용하지 않으려는 자세는 삼권 분립의 정신마저 무력하게 할 소지가 있는 반민주적 생떼 쓰기에 불과하다.

칸트는 이성을 가진 인간이면 누구나 보편적인 도덕률을 소유한다고 보았다. 인간은 본원적으로 고결한 심성을 지닌다고 했던 것은 루소의 영향으로 보이는데, 칸트의 도덕률은 절대적이며 무조건적이다. 스스로 설정한 도덕 법칙이 상황과 무관하게 모든 경우에 보편적으로 적용되게끔 하라는 정언 명법적 도덕률이 나온 배경이다. 칸트는 개인의 선의지, 즉 동기를 행위의 결과보다 중시했다. 칸트가 "세상이 망할지라도 정의를 실천하라Fiat justitia, et pereat mundus"라는 라틴어 격언을 자주 인용한 것은 이 때문이다.

칸트의 사유 체계 안에는 행위가 그 사람을 비난하더라도 그 행위의 결과가 당사자를 용서한다는 마키아벨리식의 효능론적 정치 철학이 들어설 여지가 없다. 현실 정치는 전략적 사고와 협상, 탄력적 대응을 요구하는 치열한 경쟁의 장이다. 그러나 어느 정도의 보편성을 갖춘 도덕·윤리적 관념과 이를 일관되게 견지하고 실천하려는 정치 행위가 뒷받침되지 않으면 현실 정치에서도 결코 승자가 될 수 없다. 사망 후에도 대통령직을 역임했던 기간의 비리와 악행은 역사에 남고 미래의 어느 순간에는 순수한 정치 철학과 정치 공학적 술수가 구별될 수밖에 없다. 언행 불일치와 표리부동, 노골적 내로남불로 점철된 누군가의 SNS에 열광하는 맹목적 지지 집단이 민주주의의 주인일 수는 없다. 선전 선동으로 일시적 정치 혼란이 야기된다 하더라도 합리적 정치 질서가 쉽사리 무너지지는 않는다. 어려운 가운데서도 선한 의지를 견지하며 최소한의 정의를 묵묵히 실현하려는 바보들이 있기에 역사는 궤도를 이탈하지 않는 것이다.

칸트가 보기에 이성적 존재인 인간은 논리적 규칙뿐만 아니라 도덕 법칙도 선험적으로 인식할 수 있다. 이성을 갖춘 인간은 특별한 경험을 장기간 축적하지 않고도 세상의 논리적 이치를 깨우칠 수 있는 것처럼 인간으로서 행해야 할 도리 또한 충분히 알아차릴 수 있다는 것이다. 물론 인간은 선의지를 자연적 소질로 지니고 있지는 않다. 그래서 도덕과 윤리는 반드시 준수해야만 할 보편적 법칙으로서 당위성을 띤다. 이 도덕률은 행위자에게 무조건적인 준수를 강요하는 의무이기는 하지만 행위자 스스로의 필요에 의해 자율적으로 생성되었다는 특질을 갖기에 행위 당사자의 자유를 보장한다.

인간은 자연 속의 일부이기 때문에 일반적인 자연법칙에 종속되어 있다. 아무리 날씨가 가물어도 특정 지역에 특정 시간에 걸쳐 특정 양의 비를 내리게 할 수는 없다. 인간은 계절의 운행 순서를 변경할 수도 없고

모 대통령 후보처럼 지구상에서 중력을 거부하는 공중 부양을 할 수도 없다. 그러나 행위의 차원에서는 이야기가 달라진다. 인간이 선의지를 발휘하고 도덕 법칙을 활용할 수 있는 영역에서는 자연적 인과 관계의 사슬에서 벗어날 수 있다. 그러한 영역에서 인간은 자유롭게 특정한 행동을 감행할 수 있다. 인간이 도덕·윤리적으로 선한 행위를 할지는 행위의 당사자가 충분히 선택하고 실천할 수 있다. 칸트가 도덕 법칙의 인지와 선의지의 실천을 강조한 것은 인간의 자유 의지, 즉 인간은 자유로운 존재자라는 것을 인정했다는 방증이다.

상황과 무관하게 일관된 도덕적 행위를 주문하는 칸트의 정언 명법은 선의의 거짓말과 같은 전략적 일탈마저도 허용하지 않을 정도로 융통성이 없다. 그러나 비례 대표 의석수 확보를 명목으로 위성 정당까지 창당하거나 당헌까지 개정해 성 비위로 공석이 된 지자체장 선거에 후보를 냈던 어느 정당의 행태는 그 어떤 변명으로도 정당화될 수 없다. 규정과 약속은 제대로 지켜져야만 원래의 목적과 효력을 달성할 수 있다는 것을 보여 주는 사례라 할 수 있다. 융통성을 발휘하여 운용의 묘를 살리려면 기본적인 법칙 준수가 전제되어야 한다. 자유는 상황을 아전인수격으로 제멋대로 해석하고 활용하는 데서가 아니라 상대방은 물론 자신에게 한 약속을 제대로 지킴으로써 실현된다. 앞의 경우는 상황의 노예를 뜻할 뿐 자유와는 전혀 무관하다.

칸트는 『실천이성비판』에서 인간은 "무엇을 해야 한다고 의식하기 때문에, 자기는 무엇을 할 수 있다고 판단한다."라고 했다. 이는 당위나 의무에 대한 인식은 필연적으로 의지의 자유를 이끌어 낸다는 뜻으로 해석된다. 최선의 선의지에 따라 행동해야 한다는 당위의 논리는 결과적으로 영혼 불멸설로 이어진다. 유한한 인간이 유한한 시간 내에 선의지에 일치하는 행위를 매번 수행하는 것은 불가능하기 때문이다. 칸트는 행복이란 이성적 존재가 전 생애에 걸쳐 모든 것을 자기 소망과 의지대로 하는 상태라 규정했다. 한마디로 행복은 개인의 의지와 자연이 합치하는 데서 생겨난다. 양자의 일치를 위해서는 제3의 매개자인 신이 필요하다. 칸트의 논리에 따르면 도덕적 당위와 행복은 불멸의 영혼과 신을 통해 실현될 수 있다.

칸트의 윤리학은 이상적 형이상학의 색채가 짙어 보인다. 그러나 칸트는 이를 비현실적 이론으로 상정하지 않았다. 자연과 이성이 조화를 이루고 반성적 판단력이 충분히 발휘되어 인간 진보의 역사가 현실에서 전개되기를 학수고대했던 것이 칸트였다. 그는 보편적인 법률이 완벽히 적용되어 개인의 자유와 분배적 정의가 실현되는 공간을 시민 사회로 규정했다.

칸트는 인간 사회의 진보를 이상적 관념이 아닌 현실적 목표로 삼았다. 칸트 철학에서 도덕 법칙은 신에 의해 타율적으로 주어지는 것이 아니라 자율적으로 제정된다. 칸트는 "도덕은 순수 실천 이성의 힘에 의해 그 자신만으로도 충분하며, 도덕을 위해서는 결코 어떠한 종교도 필요로 하지 않는다."라고 했다. 칸트의 윤리학은 이상적 형이상학이라기보다는 인간의 자유를 실현하는 현실적 진보 이념에 가깝다.

비현실적이고 극단적인 이상론에 경도된 적이 있는 사람들은 쉽사리 현실적 균형 감각을 회복하지 못한다. 특히 냉혹한 현실을 만나 존재성 자체가 붕괴되는 처절한 좌절을 경험하지 못한 경우에는 이상주의의 관념성은 더욱 농도가 짙어진다고 할 수 있다. 어설픈 좌절은 피해 의식만 증폭시키고 이권 투쟁의 장에서 그것을 훈장으로 둔갑시킬 뿐이다. 끈질긴 순수성과 진정성이 전제된 우공이산愚公移山의 정신이 없이는 개혁과 혁명은 실현되기 힘들다.

586 운동권 출신 정치인들의 투쟁은 아름답고 숭고한 인고의 투쟁이

아니라 한때 반짝했던 부끄러운 객기로만 남아 있다. 민간인을 프락치로 몰아 폭행하고 고문하여 죽음에까지 이르게 한 사건을 민주화 운동 과정 중에 발생한 불가피한 비극 정도로 축소하고 폭력 혁명을 통한 체제 전복을 민주화 운동으로 은폐하려 한 꼼수는 위선과 기만의 정치로 이어졌다. 공격이나 비난을 받으면 적반하장식 덮어씌우기로 상대방에게 역공을 가하거나 인권을 포함한 민주주의의 기본 원리를 저버린 행위를 음해 세력의 흠집 내기로 몰고 가는 행태는 이들이 벌이는 현실 정치의 저속함만을 드러낼 뿐이다. 정대협의 기부금 횡령 혐의를 지적하면 '토착 왜구'라 공격하고 서해 공무원 피살 사건을 재 이슈화하면 전 정권을 종북 정권으로 몰고 가려는 반공주의적 마녀사냥이라 비난한다. 반복하지만 정도를 벗어난 전략은 융통성과 탄력성의 이름으로 정당화될 수 없다. 원칙을 벗어난 행위는 악행이고 정죄의 대상일 뿐이다. 급할수록 돌아가야 하고 혼돈의 상황일수록 초심을 잃지 말아야 할 것이다. 숨 막힐 정도로 빈틈없어 보이는 칸트의 원칙주의적 윤리학에 주목할 수밖에 없는 이유이다.

칸트 미학의 정수로 평가되는 『판단력 비판』은 취미 판단의 문제를 주로 다룬다. 칸트에 따르면 옳고 그름과 관련된 주제는 여러 주체들이 공유하는 공통 감각이 아니라 개인의 사적 감각과 관련된 문제이다. 취미 판단은 개인의 욕망이나 실용적 이익 때문에 대상에 관심을 집중하고 그를 통해 쾌감을 획득하는 것과는 무관하다. 그것은 대상에 대한 반성적 재현 능력인 상상력과 오성을 통해 타인들과 공통의 미적 감흥을 공유하는 것과 관련된다.

취미 판단은 재현 대상에 대한 반성을 통해 나타나는 상상력과 관련이 있다. 재현된 대상은 감각을 불러일으킨 대상과 직결되어 있지 않다. 쾌와 불쾌는 감각 대상 그 자체에 대한 감정이 아니라 감각 주체의 판단, 즉 감각 대상을 재현한 결과 나타나는 감정이다. 즉 감각 기관에서 멀어진 감각 대상을 상상력을 활용해 재구축해 낸 재현의 결과 나타나는 감정이 쾌와 불쾌인 것이다.

현존하지 않는 것을 현존하게 하는 게 상상력이다. 판단하는 행위 속에서 쾌감을 주는 것이 아름다운 것으로 간주된다. 주체는 재현의 과정에서 감각 대상을 제거함으로써 불편 부당성 impartiability을 획득한다. 감각 대상에 현혹되지 않는 재현의 과정 속에서 쾌감을 얻는 게 아름다움이다. 눈앞에 드러나지 않더라도 적절한 거리에 의해 객관화되고 비관여적 무관심성을 견지하는 관찰자가 느끼는 쾌감이 진정한 미라 할 수 있다. 불편 부당성 속에 만끽하는 쾌감이 아름다움이다.

취미 판단은 타인의 취미를 반성하는 과정을 반드시 거치기 때문에 이기주의를 극복할 수 있다. 직접적 감각 대상이 없어도 상상력을 통해 내적 반성 작용이 가능해지므로 상상력을 활용한 반성 작용은 무관심적 기쁨을 창출한다. 외적 감각 대상에 집착하지 않음으로써 내적 감각 작용을 통해 주어진 감각 대상의 다양성을 응축하고 압축함으로써 환희를 만끽할 수 있다.

우리를 기쁘게 하는 것은 기쁨의 대상 그 자체가 아니라 사후에 그것을 기쁘다고 판단하는 사실 자체이다. 쾌와 불쾌는 사후적 승인의 결과이다. 소통 가능성과 공공성이라는 기준이 승인의 기준이 되기 때문에 취미 판단에서 이야기하는 쾌와 불쾌는 사회적 공통 감각의 일환일 수밖에 없다. 요컨대 취미는 재현 작용 속에서 우리의 감정을 일반적으로 소통 가능하도록 만드는 판단의 기능이다.

사람은 어떤 목적 때문에 살아가는가? 칸트에 따르면 무목적적으로 생존하는 게 인간이다. 예술적 대상과 다양한 자연의 모습은 무목적적이다. 목적성이 없다는 건 유용성이 없다는 것이다. 세상에 존재하는 게 마냥 기쁘고 편안할 수 있는 건 사회적 유용성이라는 가시적 편리, 즉 물적 가치에 구애받지 않는 취미 판단에 의거하기 때문이다.

　서울남부지검에는 2013년부터 금융·증권 범죄 합수단이 설치되어 불법적 자본 증식과 관련된 범죄 수사를 전담한 바 있다. 합수단은 몇몇 사건 처리 과정에서 얼마간의 모순과 부조리를 드러내기도 했으나 '여의도의 저승사자', '금융계의 포청천'으로 불리며 자본 시장의 교란을 바로잡는 데 큰 역할을 했다. 당시 법무부 장관은 취임 직후 돌연 금융·증권 범죄 합수단을 해체했다. 거액의 금융 사건을 조사한다는 명목하에 검사와 전관 변호사 간의 유착 관계를 형성하여 금융 범죄의 온상으로 기능했다는 것이 합수단 해체의 명분이었다. 법무부 장관은 범죄 수사의 선봉인 경찰과 검찰 내부에 비리가 있다 하여 경찰과 검찰 조직을 일거에 해체하는 것과 다를 바 없는 조치를 취했다. 라임·옵티머스·신라젠 사태 등 옛 여권 인사가 연루되었다는 의심을 받은 금융 범죄가 수면 위로 부상하던 무렵에 나온 조치라 그 실질적 의도에 관심이 집중되었다. 그러나 문재인 정권과 범여권 강성 지지자들은 당시의 조치를 검찰 개혁의 일환으로 판단했고 상기한 금융 범죄는 소리 소문 없이 묻혔다. 도대체 무엇이 두려워 합수단을 없앴는지는 오리무중이나 실용적 목적성이 배제된 칸트의 취미 판단의 관점에서는 너무나 편협하고 자의적인 조치로 평가된다.

　위의 사례는 존재하는 것만으로 마냥 기쁠 정도의 무관심적 만족감과 사회적 공통 감각으로서의 상상력과 오성이 벌이는 자유로운 유희와는 한참 거리가 멀다. 정치가 이루어지는 공간은 권력을 둘러싼 이전투구의 장일 수밖에 없으나 모종의 의도를 대놓고 의심할 수밖에 없는 조치를 취하면서 개혁을 운운하는 후안무치는 무슨 배짱에서 유래했는지 궁금할 따름이다.

　칸트의 취미 판단이 비실용적 공통 감각에 입각한 미학적 정서와 관계되는 것이라면 가능성의 예술이라는 정치의 영역과도 무관해 보이지는 않는다. 통치 행위가 죄다 아름다울 수는 없다 해도 추잡한 권력 투쟁으로만 점철되어서는 안 된다. 이 모든 게 행정 및 의회 권력을 장악하고 사법 권력까지 접수하려던 문 정권의 독단적 정치 행태에서 비롯된 것으로 보인다. 이들은 명실상부한 정치 권력을 소유하고서도 수구 언론과 검찰, 상대 진영을 탓하며 피해자 코스프레로 일관했다. 오류와 부정이 있으면 제대로 진상을 밝혀 바로잡아야 마땅하다. 그러나 의회 권력을 장악하고 있는 옛 여권의 강경 집단이 전방위적 대항 전선을 치고 있는 상황이라 결과를 장담할 수 없다. 정치 보복을 위한 표적 수사 운운하지 말고 시시비비를 명확히 가린 후에 본격적인 정책 대결로 승부를 봐야 하지 않겠는가? 사이버 홍위병 세력을 배후에 두고 벌이는 옛 여권의 유치하고 추잡한 계파 갈등까지 겹쳐 있으니 점입가경이다. 객관적이고 공정한 룰에 따라 건전한 경쟁이 이루어지고 공공선을 실현하는 균형과 화합, 상생의 정치가 시급히 회복되어야 한다. 정당 정치의 정상화는 정치를 가능성의 예술로 만드는 지름길일 수밖에 없다. 사이버 여론 조작에 바탕을 둔 팬덤 정치가 민주주의의 양념일 수 있으려면 정당 정치의 회복이 급선무다.

인간은 우주라는 거대한 실재의 미소한 일부에 불과하다. 개별자로서의 인간은 우주의 근원과 유래를 알 수 없다. 칸트는 절대적이고 보편적인 도덕률을 세웠다. "네 의지의 준칙이 항상 동시에 보편적 법칙 수립의 원리로서 타당할 수 있도록 행위하라."라는 칸트의 정언 명법은 그의 도덕률을 대변한다. 특정한 이익 때문이 아니라 올바른 행위라는 확신하에 행동해야 한다는 의무의 윤리학은 개인의 선의지를 출발점으로 삼는다. 결과보다는 동기를 중시하는 칸트의 윤리학은 인간의 양심과 자유의 실현을 중시한다.

인간은 자연의 법칙에 따라 살아가면서도 도덕적 법칙을 준수함으로써 동물과 구별되는 인격을 구비하고 다른 것의 수단이 아닌 자체의 목적으로 존재할 수 있다. 따라서 도덕적 삶은 인간의 존엄성과 자유를 실현하는 바탕이다. 칸트는 인류의 최종 목표는 자유와 평화로 충만한 영원한 진보 사회의 건설에 있다고 보았다. 그는 누구도 동료 인간을 자의적으로 지배할 수 없게끔 개인의 자유가 명확히 보장되고 공화적 민주주의를 지향하는 국가 간의 활발한 교역으로 국제 사회에 평화 체제가 정착되기를 희망했다.

칸트의 묘비명에는 다음과 같은 구절이 있다. "생각을 거듭할수록 감탄과 경외로 나의 마음을 가득 채우는 두 가지가 있다. 하나는 나의 머리 위에 별이 총총히 빛나는 하늘이며, 다른 하나는 내 안의 도덕 법칙이다." 우주와 자연 세계의 인과율을 확인하는 것은 밤하늘에 빛나는 별들을 보는 것과 같이 황홀하다. 우주와 자연 세계의 절묘한 질서는 개인의 실존과 삼라만상의 아름다움을 표상한다. 내면의 도덕 법칙은 개인의 자유와 인류의 평화를 약속한다. 머리 위에는 대권을 포함한 이권이 모빌처럼 걸려 있고, 내면은 위선과 선동으로 가득 차 있으면 나라를 제대로 이끌어 가기 힘들 것이다. 바보 심성을 간직했던 대통령의 후예임을 자처하면서 정작 본인은 약삭빠른 기회주의자나 무모한 모험주의자처럼 행동한다면 빼앗긴 정권을 되찾아 오기는 어려울 것이다. 최소한의 상식조차 통하지 않는 경우에는 순진무구한 탈정치적 윤리학을 되살릴 필요가 있다. 효력의 유무는 두고 볼 일이지만 혼돈의 늪에서 빠져나오기 위한 첫걸음은 초심으로 돌아가는 일이다.

데이비드 흄의 시민 사회와 86세대의 야만 사회

스코틀랜드 계몽주의의 중심인물이자 애덤 스미스의 절친이기도 했던 데이비드 흄$^{David Hume}$은 인식론의 출발점을 인상^{impression}에 두었다. 인상은 우리가 일상에서 겪은 최초의 경험 내용인데, 이것은 기억과 같은 사후적 형식으로 관념^{idea}을 형성한다. 흄은 인상에서 출발한 경험 자료가 관념의 형태를 거치며 좀 더 복합적인 성향을 띤다고 보았다. 개별 인상들의 집적체라 할 수 있는 관념들은 일종의 연합체를 형성하며 사물과 자연, 우주를 인식한다.

흄는 자연 현상이나 우리의 일상에는 그 어떤 인과 관계도 성립할 수 없다고 했다. 흄을 회의론자로 평가하는 것은 바로 이런 이유에서이다. 통상적으로 오늘 해가 뜨면 저녁에 해가 지고 내일 아침 다시 해가 뜬다거나, 구름이 끼면 비가 내리는 자연 현상을 설명할 때 우리는 양자 간의 인과적 선후 관계에 의거하는 경우가 많다. 그러나 흄이 보기에 이것은 우리의 상상^{imagination}에서 작동하는 습관^{custom}에서 비롯된 것일 뿐 상기한 현상들 사이에 필연성은 존재하지 않는다고 단언한다. 여기서 상상이라는 말은 존재하지 않는 무언가를 공상한다는 의미보다는 인상을 통해 형성된 관념의 상들이 형성되고 변형되는 현상을 뜻한다. 흄은 이러한 방식으로 인간의 정신이나 자아 또한 고정된 실체성을 지니지 못한다고 보았다.

흄의 정치 철학 또한 회의주의적 인식론에서 출발한다. 그러나 단순한 회의주의가 아니라 실천 이성으로써의 이성의 기능을 부정하지 않으면서 치밀하고 신중한 지적 태도로 정치적 현안을 해결해야 한다는 관점이 흄 정치 철학의 본령이었다. 흄은 이성에 과도한 역량을 부여하는 이성 절대주의를 비판했을 뿐 이성 자체의 폐기를 주장한 반이성주의자는 아니었다.

흄은 자연 상태에서 인간은 가혹한 자연의 힘 앞에 무기력할 수밖에 없다고 이야기한다. 인간은 의식주조차 저절로 주어지지 않는 자연 상태에서 기지機智와 노동력을 활용해 기본적인 생존 수단을 조성해야 한다는 것이다. 흄의 논의는 경쟁심과 자기 확신의 결여, 공명심으로 인해 자연 상태에서 인간은 전쟁 상태를 방불케 하는 투쟁 상황에 놓이게 된다는 홉스의 입장과는 결을 달리한다. 홉스는 인간의 본원적 이기심으로 인해 자연 상태를 전쟁 상태와 동일하다고 평가하는 전제 위에서 사회 계약에 의한 국가 체제의 형성을 역설했다. 이에 비해 흄은 인간의 무력함과 한정된 자원 때문에 공감과 애정을 통한 상호 연대를 통해 인간이 사회나 국가를 형성한다고 보았다. 무력하고 허약한 인간은 필요 때문에 사회를 형성하게 되는데, 사회 형성의 결과 분업과 상호 부조적 연대가 가능해져 안정성이 확보되고 삶의 질이 향상된다는 것이다.

흄은 전쟁 상태와 동일한 자연 상태를 벗어나 개인의 이익과 안전 보장을 위해 사회 계약을 통해 국가 공동체를 형성한다는 홉스의 도식적 사고를 부정했다. 사전에 계산적 이성을 발휘해 합리적 수순에 따라 정치 공동체가 만들어지는 것은 아니라는 것이다. 그는 사회나 국가가 설립되는 것은 공동체 형성의 결과 나타나는 이익을 체감했기 때문이라는 논리를 폈다. 이것은 순수 사유가 아니라 이익 획득의 경험을 통해서만 정치 공동체 형성의 원인과 과정, 결과를 설명할 수 있다는 뜻이다. 즉 가족이나 동호회 같은 소규모 집단에 소속되어 생활함으로써 얻게 된 이익이 더 큰 규모의 국가 형성을 가능케 한다는 것이다.

흄에 따르면 약속에서 관습(습관)이 생겨나는 것이 아니라 관습이 약속을 형성한다. 하나의 배를 운행하는 두 사람의 뱃사공은 미리 정해진 약속을 통해 노를 젓는 것이 아니라 경험을 통해 축적된 관습을 통해 자신들의 임무를 수행한다. 두 명의 뱃사공은 공감을 통해 배의 운항이라는 공통의 이익을 감지하고 각자의 노 젓기 활동을 수행한다. 두 사람 사이의 간격이나 노의 각도, 노를 젓는 속도를 서로의 경험을 통해 공감하고 가장 효과적인 노 젓기 방식을 체득하게 되는데, 각자의 경험과 상대방에 대한 공감에 바탕을 둔 이 행위는 최종적으로 관습이라는 형태로 배의 운항에 적용된다는 것이다. 흄은 공통의 이익을 감지하는 능력을 제한적인 관용limited or confined generosity 혹은 제한적인 공감limited or natural sympathy이라 명명했다. 공감 능력은 부모와 자식 간의 본능적인 친근감인 유대의 원리[a] principle of union에 의해 자연스럽게 생겨나며 어린이는 가족 집단 내에서 부모의 애정과 권위, 관습 등을 습득하며 자연스럽게 사회성을 형성한다. 이처럼 공감 능력은 일반적인 양육 과정에서 지극히 자연스럽게 얻어지는 것으로 더 큰 규모의 집단인 사회나 국가를 형성하는 바탕이 된다.

유년 시절부터 가족 공동체 내에서 자연스럽게 형성되는 공감이 제한적인 수밖에 없는 이유는 가족 구성원 간의 애정이나 친근감에 의해 그러한 공감 능력이 길러지기 때문이다. 상대방의 기분이나 취향을 고려하는 감성의 일종인 공감 능력은 가족 내에서만 통용되기 때문에 제한적이다. 집단의 규모를 가족에서 더 확장해 보면 친구나 동일한 취미를 공유하는 동료 집단을 상정해 볼 수 있다. 여기서도 공감은 해당 모임의 구성원들 사이에서만 통용되기 때문에 특유의 편파성이 유지된다. A라는 축구팀을 응원하는 팬들과 B라는 축구팀을 응원하는 팬들 사이의 관계를 생각해 보면 된다. 양측 팬들은 일정 정도의 폐쇄성과 편파성을 드러내며 상대측과 경쟁하고 심하면 적대의 감정까지 숨기지 않는다.

가족이나 동호회 등 제한된 공감 능력이 폐쇄적이고 배타적인 수준에서 작동하는 집단 간의 관계에서는 말보다는 칼, 즉 무력이 앞선다. 흄은 상이한 집단들의 언행을 규제할 공통의 법률이나 제도가 없는 사회를 야만 사회라 규정했다. 제한된 공감의 능력은 경쟁하고 적대적인 집단 간의 접촉을 통해 형성된 경험을 통해 편파성을 극복할 여지가 있다. 제한된 공감 능력은 반성^{reflection}의 역량을 발휘함으로써 더욱 폭넓은 수준의 공감 능력으로 발전할 수 있다. 반성을 통해 가능해진 확장된 공감 능력은 특정 집단의 이익을 넘어 공동체 전체의 이익을 추구하는 사회적 윤리로 발전한다. 제한된 집단의 이익만 추구하는 야만 사회는 공공의 이익을 추구하는 시민 사회(국가)나 규모를 더욱 확장하여 인류 사회 전체로까지 확대·발전한다.

흄은 계산적이고 합리적인 추론의 힘을 과신하지 않았다. 그는 감각 경험의 축적을 통해 형성된 관습이 제도와 규율, 국가 공동체를 이루는 기반이 된다고 생각했다. 그는 감각 경험이 축적되어 인상과 관념의 연합체를 형성하고 상상력이 개입되는 개연적 인과론을 통해 관습적으로 대상을 인식한다고 생각했다.

서두에서 언급한 바대로 흄은 연역적인 이성의 역량을 불신하고 감각적 경험과 인식의 관습적 성격을 강조한 까닭에 회의주의자로 평가된다. 어쩌면 우리의 상식을 뒤엎는 인식론을 개진한 흄을 괴짜 철학자로 평가할 수도 있을 것이다. 그러나 인간의 사유가 어떤 방식으로 이루어지는지, 우리가 확신하고 있는 건 얼마만큼 진실인지에 대해 자문해 본다면 흄에 대한 평가는 달라질 것이다. 흄을 인간을 포함한 자연 세계의 운용 방식을 예리한 시각으로 포착한, 유능한 자연론자로 평가할 수도 있는 것이다.

이른바 비판의 대상이 되는 86세대 운동권 정치인들은 정파적 이익 추구와 자기가 속한 집단의 정치적 승리를 위해 수단과 방법을 가리지 않는 이들로 인식된다. 겉으로는 대의나 이념을 앞세우지만, 이것은 여론 몰이와 세 불리기를 위한 장치에 불과하고 피아^{彼我}를 엄격하게 구분한 채 사생결단의 자세로 정치적 승리를 향해 매진하는 게 이들의 특성이다. 사회적 통념상 문제가 심각함에도 자기편이면 희한한 논리를 앞세워 보호하고 적반하장의 자세로 비판자들을 비난하는 후안무치의 행태를 반복적으로 드러낸다. 사소한 사안이라도 한 번 밀리면 끝장이라는 심정으로 내부 단속은 물론 진영 논리와 여론 조작까지 감행하며 조직 보위에 온 힘을 쏟는다.

흄은 미리 정해진 도덕·윤리 관념이나 합리적 이성의 역량을 불신하고 인간의 본원적 특질에서 출발해 공동체의 형성 과정을 고찰했다. 흄의 논리를 따르자면 폐쇄적이고 독단적인 이들의 행태는 상식적인 구석이 아예 없지는 않다. 다른 나라에 비해 별난 수준이긴 하지만 혈연, 지연, 학연 등 인맥을 통한 집단주의가 활성화된 한국 사회에서 자기 집단의 이익 추구와 조직 보위에 전력을 다하는 모습은 여느 사회에서나 발견할 수 있는 현상이기 때문이다.

흄은 사회의 성립과 발전을 이성과 합리적 토론의 산물이 아니라 자연스러운 공감 능력과 같은 관습에 의해 발생한 것으로 간주했다. 보편적인 제도나 법률이 존재하지 않는 상태에서는 구성원들 간의 애정이나 인정에 의해 집단이 운용된다. 그러나 야만 사회와 시민 사회를 구분한 흄의 논의를 상기하면 '자기들만의 리그'처럼 운영되는 일종의 서클 집단은 야만 사회에 해당한다. 출신 대학, 학번, 수형 경력 등을 중심으로 내적 계보를 따지는 폐쇄성에 더해 반대 진영에 가하는 적대적 폭력은 조폭 집단의 행태와 크게 다를 바가 없다. 흄이 점잖은 어조로 야만 사회로 지칭했을 뿐 이들 집단의 성격은 마피아 패밀리를 방불케 한다. 끊임없는 선전 선동과 음모론 유포로 자기 집단의 여론을 결집하고 상대편을 악마화하는 행태는 괴벨스[Joseph Goebbels]를 동원해 여론 조작을 일삼던 나치의 통치술을 쏙 빼닮았다.

흄이 이성의 역량을 과신하지 않은 것은 추상적 추론이나 단순 경험에 의한 성급한 일반화와 이를 통해 형성된 이념으로 현실을 조작하려는 지적 오만을 경계했기 때문이다. 이성의 기획이라는 것이 감각 인상을 조합한 관습에 불과하다는 논의는 반성의 역량을 강조하면서 공감 능력을 확장하라는 주문으로 이어졌다. 자기 집단의 이익만 고려하는 편파적 공감이 판치는 세상에서는 집단 간의 갈등이 끊이지 않고 그 과정에서 각 집단의 결속력 강화를 위한 무리수가 남발된다.

순간적 순수성 정도는 인정해 줄 수 있는 반독재 투쟁의 경험을 보유한 86세대 운동권 출신 정치인들은 정치 행위의 본질을 '나와바리' 확장을 위한 조폭 투쟁의 수준에서 생각하는 듯하다. 이들은 공공의 이익보다는 사적 이익을 우선시하기 때문에 시민 사회 내의 정식 구성원으로 포함될 자격이 없다. 당파적 이해관계에 집착하며 조직 보위를 우선시하는 이들은 야만 사회의 최첨단에 자리 잡고 있다. 이들은 전직 검찰 총장을 비판하며 '하이에나와 같은 검찰 권력의 수장'이라 수군거렸지만, 이들이야말로 사바나 동물 왕국의 하이에나와 같은 자들이다. 조직 이기주의에 입각해 주권자인 국민이 부여한 임시적 권한을 영구화하려는 이들의 권력 추구 욕망은 하이에나가 새끼와 식구들을 끔찍하게 챙기고 남의 먹이를 탐하는 것과 하등 다를 바 없다.

50년 정권이니 100년 정권이니 하는 하이에나 집단이 시민 사회, 즉 국가 내의 정상적인 구성원으로 인정받으려면 자신들의 이념을 보편적 진리라 여기는 오만에서 벗어나 정치적 과정에서 다수의 사회 구성원들이 표출한 여론을 경청하는 태도를 갖춰야 한다. 또한 전체 사회의 복지를 기준으로 그간의 오류를 신속히 개선하고 장기적 관점에서 최종 목표를 이루기 위한 맞춤형 대응 전략을 실행하는 능력을 배양할 필요가 있다. 흄이 강조한 반성과 경험은 성찰과 시행착오를 정치 과정에서 충실히 실행하는 데 필요한 것으로, 86세대 운동권 출신 정치인들이 가슴 깊이 새겨야 할 덕목이다.

애덤 스미스의 동감의 정치와 86세대의 적대의 정치

애덤 스미스Adam Smith는 영국 스코틀랜드 출신의 경제학자이자 철학자로 자유주의 경제사상의 창시자로 알려져 있다. 스미스는 저마다의 이익을 추구하는 개인들의 행위는 '보이지 않는 손invisible hand'에 의해 사회적 공익을 확충하는 데 기여한다는 주장을 폈다. 『국부론The Wealth of Nations』에는 "우리가 저녁을 먹을 수 있는 것은 푸줏간 주인, 양조장 주인, 혹은 빵집 주인의 자비심 때문이 아니라 자신의 이익을 추구하는 그들의 욕구 때문이다."라는 문장이 등장한다. 이처럼 스미스의 자유주의 경제사상은 개인들이 시장을 통해 자유 경쟁적 경제 활동을 영위하는 것이 국부의 증진을 가져온다는 논리에 바탕을 둔다.

애덤 스미스는 『국부론』을 출간하기 전에 『도덕 감성론The Theory of Moral Sentiments』이라는 윤리학 서를 집필하여 명성을 얻었다. 그는 사람들이 도덕적 선택을 할 때는 사태를 객관적이고 공정하게 분석하고 판단하는 '공평한 관찰자'를 마음속에 그린다고 생각하였다. 『도덕 감성론』은 인간의 심리를 면밀히 분석하고 정치와 경제 활동을 비롯한 복합적이고 다층적인 인간사를 종합적으로 바라볼 수 있는 시각을 제공한다.

스미스는 인간으로서의 본래적 감성인 동감, 정의감, 분개심을 사회적 차원에서 승인하는 이론을 전개했다. 그는 사회 구성원들의 번영을 기대하기 위해서는 완전한 정의와 자유, 평등을 확립해야 한다고 보았다. 자유, 평등, 정의, 안전의 가치가 제대로 실현된 상태에서 사회 구성원 각자가 최선의 생산 활동을 수행했을 때만이 물질생활의 편의가 증진되고 사회 진보를 이룩할 수 있다는 것이었다. 스미스는 국가와 시장의 분업이 합당한 수준에서 유지되는 바탕 위에서 국가는 합리적 제도 마련과 공정한 법률 시행으로 사회적 효용과 정의를 실현해야만 한다고 주장했다.

스미스는 절친이었던 데이비드 흄과 유사하게 관념 연합론적 관점에서 인식론을 전개했다. 관념 연합론을 잠시 설명하면 다음과 같다. 일상생활에서 시간적 선후 관계에 있는 현상을 반복적으로 경험하면 두뇌에 축적된 관념들이 상상력의 작용에 의해 연합된다. 이러한 과정이 반복되면 하나의 습관처럼 대상에 대한 인식이 발생한다는 것이 관념 연합론의 골자이다. 그는 경험 현상의 이면에 존재하는 숨겨진 힘과 현상들 간의 결합을 추동하는 메커니즘을 찾으려 했다. 스미스는 귀납적 경험론과 유명론적 입장을 흄과 공유하였지만 자연 세계의 근원을 탐구하려 했다는 점에서는 흄이 견지한 회의주의와는 거리를 두었다.

스미스는 물질 교환의 근본적 동기는 자기애에 있다고 보았다. 자기애에서 생활 개선의 본능과 교환 본능이 도출된다는 것이다. 그는 이 둘을 경제적 영역에서 작용하는 인간 행위의 근본 원리로 규정했다. 스미스에 따르면 사회라는 공동체에서 통용되는 인간의 핵심 본성은 동감이다. 인간은 동감의 감성을 통해 타인의 존재성을 인정하는 바탕 위에서 배려심과 이타심을 소유하고 발휘한다. 국가라는 정치체에서는 동감의 감성에 출발하는 정의감과 사회적 효용에 대한 인식이 핵심 요소로 설정된다. 스미스는 사회 구성원들이 각자의 능력과 노력으로 획득한 재화를 상호 침해하지 않고 안정적인 생활을 영위하기 위해서는 국가의 제도와 법률이 공정하고 정의롭게 시행되어야 한다고 주장했다.

스미스에 따르면 개인의 자유와 평등, 정의가 구현되는 정치적 배경 속에서 각각의 구성원은 자기애의 본능에 따라 시장에서의 자유로운 교환 행위를 통해 경제적 효용을 증진하고 생활 조건을 개선시켜 나갈 수 있다. 사회와 시장, 정치적 영역에서 인간의 자연적 본성인 동감과 자유, 정의의 정신이 제대로 실현될 때만이 국가는 부와 국력을 증가시킬 수 있다는 것이다. 복합적인 층위에서 동감과 자기애와 같은 자연적 본성이 적절히 작동할 때만이 전체 사회의 효용과 복리를 극대화할 수 있다는 것이 스미스의 사상의 요체였다.

타인과 사회를 전제하는 도덕적 감성은 동감의 원리로 귀결된다. 동감은 타인에 대한 감정 이입을 통한 연민이나 동정과는 다르다. 그것은 제삼자적 관점에서 타인의 처지와 상황을 공정하고 객관적인 시각으로 이해하는 관찰자적 동료애를 뜻한다. 행위의 당사자가 느끼는 감정과 관찰자의 동감의 감정이 일치할 경우에만 당사자의 행위는 도덕적 승인을 획득한다. 공정한 관찰자가 드러내는 본원적 동감의 수준이 사회 규범과 법률의 근간이 되기 때문이다. 관찰자는 사회 현상의 내적 성격에 정통하며 그것이 전개되는 이치를 꿰뚫고 있어야 한다. 관찰자는 또한 지성과 자기통제 능력을 적극적으로 활용함으로써 현상의 추이에 관심을 집중해야 한다. 여기서는 신중함의 덕목이 필수적으로 요청된다. 사태에 속해 있는 행위 당사자들의 감정과 관찰자의 동감 능력이 완전히 일치할 수 없다는 현실을 수용하여 상호 대립하는 당사자 중 그 어떤 쪽에도 치우치지 않는 객관성을 유지해야만 하기 때문이다.

스미스는 통상적으로 자유주의적 낙관주의자로 인식된다. 그의 논의는 이기적인 개인이 국가의 개입이 최소화된 시장을 통해 이익 추구 활동을 적극적으로 수행하게 되면 자연스럽게 사회적 효용이 극대화되고 국가의 부와 국력이 증진된다는 것으로 요약되기 때문이다. 그러나 그는 자기애에 못지않게 이타적 사회성을 아울러 강조했다. 동감의 감성으로 타인을 배려하고 사회적 정의와 효용 증진에 기여할 수 있다고 보았던 것이다. 『도덕 감성론』에서 주로 다뤄지는 인간의 도덕·윤리적 감성은 사회라는 공동체와 국가, 사회적 갈등을 조정·관리하는 사법적 통치의 영역에 적절한 방식으로 적용됨으로써 전체 사회의 안녕과 복리 증진에 기여한다. 인간의 이기심에 바탕을 둔 무한 경쟁과 승자 독식의 논리를 중핵으로 하는 신자유주의의 비조가 스미스일 수 없는 이유이다. 오히려 스미스는 인간의 이성으로 직조된 특정한 이념으로 인위적인 공동체를 형성한다는 관념적인 정치 철학을 비판했다. 그는 자애심, 동감, 절제, 신중함과 같은 자연스러운 인간 심리에 기초해 경험적이고 현실적인 사회 철학과 정치 이론을 고안해 냈다. 인지상정이라 할 수 있을 인간의 보편적 도덕 감성은 타인과의 건전한 관계를 형성하는 기반이자 사회의 정의와 물질적 번영을 보장하는 보편적 윤리 규범이라 할 수 있다.

스미스는 개인의 신체, 명예, 재산을 침범하는 행위에 법적 징벌을 가하는 것을 정의의 덕목을 실천하는 것이라 간주했다. 스미스의 정의는 종교적 교의처럼 삶의 올바른 덕목을 미리 설정하여 이를 개인에게 준수하도록 권고하거나 강요하는 선험적 형이상학이 아니다. 대부분의 인간은 이기심보다 이타심이 강한 자선주의자나 박애주의자가 아니다. 지키기도 힘든 당위적 도덕 윤리는 그것을 주장하는 이들의 정치적 명분을 강화하기 위한 수단에 불과한 경우가 많다. 위선적 명분은 권력을 강화하는 기제로 활용되고 당위적 도덕 윤리를 주창하는 이들로 하여금 정의의 덕성을 독점하게 만든다. 인간의 자연적 본성을 고려치 않는 선험적 도덕 윤리는 그것을 지지하는 편과 그에 동조하지 않는 편을 선악의 흑백 논리로 구분하여 저항 세력을 공격하고 지배하는 명분으로 삼는다.

이른바 진보·개혁 세력임을 자부하는 측에서는 사관史觀에 따라 논란의 여지가 다분함에도 불구하고 대한민국의 건국 세력과 현재의 상층 엘리트 세력을 동일시하고 이들을 친일파의 후예로 간주하는 경우가 많다. 자신들이 추구하는 정책에 동조하지 않는 세력을 수구나 보수, 친일 토착왜구로 규정하는 행태는 형이상학적 도덕 윤리 관념에 입각하여 정의를 독점하려는 시도이다. 이들은 정치적 견해나 세계관을 달리하는 사람들을 비국민으로 규정하는 듯하다. 이들은 스미스가 지적한 인간의 본원적 감성인 자기애와 동감의 감성을 인정하지 않는 것으로 보인다. 타인에 대한 연민과 동점심과는 구별되는 동감의 감성은 인간의 보편적인 자기애를 인정하고 개인의 생명, 명예, 재산을 침해하는 행위에 대해 분개심을 표하는 상식적 정의론에 바탕을 둔다. 동감은 위선적 이타심과 편애의 감정에 치우치지 않는 공정성을 기반으로 한다. 동감은 공동체의 안정과 발전을 위해 개인의 이기심을 대승적 차원에서 완화하는 자제력과 현상과 사태의 본질을 명확히 파악하고 바람직한 미래상을 고려하는 신중함의 덕목과 상호 연계되어 있다.

이처럼 자연스러운 인간의 심성보다 선험적 도덕 윤리를 앞세우는 행태는 독선과 자기 진영의 정치 권력을 유지·강화하기 위한 술책에 불과하다. 반문 연대를 친일 연대와 동일시하거나 경쟁 정당의 대선 후보를 깡패, 괴물, 나치로 규정하며 악마화하는 폭력적 담론은 이를 대변하는 사례라 할 수 있다.

정도의 차이가 있을 뿐 상대 진영을 친일 혹은 숭미, 친기업, 반서민 세력으로 모는 것은 한국을 미국이나 일본과 같은 강대국의 식민지로 규정하고 다수의 민중을 매판買辦독점 자본의 노예로 간주하던 1980년대 운동권의 논리와 궤를 같이한다. 민족 해방·노동 해방 투쟁의 수사에서 완전히 벗어나지 못했다면 이들이 추구하는 도덕 윤리적 당위는 시대착오적일 수밖에 없다. 스스로를 진보 세력이라 자처한다면 여타의 개혁 이론을 봉쇄하는 반민주적 태도는 버려야 하지 않겠는가?

민주주의 쟁취를 위한 반독재 투쟁의 과정에서 연대 세력을 형성하고 눈에 띄는 희생과 기여를 한 것은 사실이지만 1980~1990년대의 급진 좌파적 경향의 학생 운동은 소련식 사회주의와 주체사상에 기초한 북한식 정치 체제를 추종하거나 최소한 그것에 대해 우호적인 견해를 피력했던 것이 사실이다. 소련과 동구권이 몰락하고 사회주의의 역사적 실험이 실패로 귀결된 상황에서도 그때의 사고방식을 버리지 못한다면 그야말로 큰일이다. 이른바 86세대 운동권 출신 정치인들이 유명 언론 스피커들과 합작해 경쟁 정치 세력을 악마화하는 선전 선동의 정치는 민주화 운동 시기에 드러냈던 전투적 투쟁 양태를 연상케 한다. 이들은 '혁명의 제단'에 바쳐진 뒤 바람 되어 찾아와 어머니가 손에 쥔 피에 물든 해방의 깃발을 바라보는 해방 전사가 아니다. 역사의 제단에 몸을 바친 해방 전사는 저승에 있다. 이승에 있는 정치인들은 젊은 시절 지지했던 비장한 이념조차 망각해 버린 듯 보인다.

86세대 운동권 출신의 정치인들 중 상당수는 한때의 사회 운동 경험을 훈장처럼 달고 산다. 이들은 자신들이 비판하는 신자유주의의 비조 애덤 스미스의 도덕 철학과 사회 철학의 본질을 제대로 파악하고 있지 못한 것으로 보인다. 자제력 없는 자애심은 동물적 이기심에 불과하고 동감의 감성이 제거된 정치적 구호는 독재의 총칼과 다를 바 없다. 한때 잠시간의 적이었던 군부 독재자들의 행태를 당신들은 닮아 갈 것인가?

루소의 일반 의지와 그들의 개별 의지

18세기 유럽 지성계에서 계몽주의가 득세하던 시기에 활동했던 장 자크 루소$^{Jean-Jacques\ Rousseau}$는 프랑스 혁명 정신을 예비한 정치 철학자이자 낭만주의의 효시로 평가된다. 루소는 인간의 완전한 본성이 사회의 출현으로 타락한다고 주장했다. 인간의 고귀한 가치를 보편적 관점에서 인정했던 루소는 인간의 태생적 자유와 평등의 관념을 강조했다. "인간은 자유롭게 태어나지만 도처에서 족쇄에 묶여 있다."라는 발언은 그의 세계관을 요약적으로 대변한다.

루소는 사회 형성 이전 자연에서 누리는 '고귀한 야만'의 삶은 인간의 본원적 자유와 행복을 오롯이 보장한다고 보았다. 인간은 문명화가 진행되어 욕망의 노예로 전락하여 타락하기 전까지 자유롭고 고귀한 삶을 만끽한다는 것이다. 루소는 오직 타락하지 않은 야만인만이 삶의 실제적 가치를 소유할 수 있다고 믿었다. 문명 비판적 관점에서 출발하는 루소의 낭만주의적 성향은 어린이를 대상으로 한 교육 철학으로까지 이어졌다. 『인간 불평등 기원론』이나 『사회 계약론』을 통해 진보적 정치 철학을 설파한 루소가 『에밀』을 저술한 이유가 여기에 있다.

루소의 정치 철학을 특징짓는 용어는 일반 의지$^{volonté\ générale}$이다. 일반 의지는 공공의 선과 이익 획득을 목표로 하는 사회 구성원 모두의 집합적 의지를 뜻한다. 일반 의지는 루소 정치 철학은 물론 공화주의 사상의 핵심 개념이다. 루소는 일반 의지를 개인이나 특정 집단의 이해관계를 반영하는 개별 의지$^{volonté\ particulière}$와 구별했다. 그는 개별 의지는 본성상 편중^{préférence}을 지향하고, 일반 의지는 평등^{égalité}을 지향한다고 이야기했다.

루소는 『사회 계약론』에서 합헌적 법률은 시민들의 일반 의지에 근거하기 때문에 개인의 자유와 정치적 권위는 모순되지 않는다고 이야기했다.

일반 의지에 따라 형성된 정치 체제하에서 법률에 복종하는 개별 시민은 정치적 공동체의 일원으로 자기 자신에게 복종하는 것과 같기 때문이라는 것이다.

개인의 자유와 사회의 공공선을 어떻게 조화시킬 것인가 하는 문제는 근대 정치 철학에서 초미의 관심사였다. 루소에 따르면 타자와의 관계성에 입각해 사회를 형성하지 않는 순수 자연 상태에서 개인은 자유와 힘을 소유한다. 자연 상태에서 개인은 자신의 안위를 고려하고 행복을 증진하기 위해 자신을 돌본다. 루소가 자연 상태에서는 자기애$^{amour\ de\ soi}$의 관념이 우세하다고 한 것은 이를 두고 한 말이다. 자연 상태에서 개인은 타자를 전제하지 않기에 안분지족의 삶을 영위한다. 월든 호숫가에서 생태적 삶을 향유한 헨리 데이비드 소로$^{Henry\ David\ Thoreau}$를 상기하면 될 것이다. 그러나 사회가 형성되고 제도와 법률에 의해 개인의 재산권을 위시한 다양한 권리와 의무가 발생할 때 개인은 이기심에 바탕을 두고 타자와 관계를 맺는다. 이때부터 자족적 삶을 가능케 한 순수 자기애의 관념이 퇴조하고 타인과의 비교와 경쟁을 통해 형성되는 욕망이 사회 구조를 좌우하는 결정적인 변수로 부상한다.

이기심, 즉 자기 편애$^{amour\ propre}$의 감성에 기초한 개별 의지는 편중을 지향할 수밖에 없다. 개인의 자유와 역량은 타자와의 경쟁에서 소용되는 생존 수단이 된다. 따라서 경합하는 개별 의지를 합리적으로 조정할 필요성이 제기된다. 편중의 속성을 지니는 개별 의지를 기계적으로 조정할 수 있지만, 그것은 일시적인 봉합 효과만 가져올 뿐 장기적 갈등의 잠재성을 완전히 제거하지 못하기 때문이다.

일반 의지는 개인을 집단에 배속함으로써 개인의 자유와 공동체의 자유를 동일시한다. 도로나 항만을 건설하고 사회 복지 제도를 시행하기 위해서는 국가가 개인들에게서 거둬들이는 세금이 필수적이다. 세금 징수는 사회 전체의 복리, 즉 공공선의 실현을 위하여 개인의 재산을 국가가 합법적으로 수용함으로써 시행된다. 개인의 재산은 개인의 자유와 힘(역량)을 함유하므로 국가의 세금 징수는 개인의 자유와 힘을 절취하는 것으로 보인다. 그러나 집단 속의 일원으로서만 개인의 자유가 실현될 수 있다는 일반 의지의 관점에서는 개인과 집단의 구분은 무의미하다.

존 스튜어트 밀John Stuart Mill은 어떤 시점과 상황에서든 개인의 선택과 표현의 자유는 절대적으로 존중되어야 한다고 주장했다. 밀과 같은 자유주의자의 입장에서는 루소의 일반 의지에 따른 공화주의가 개인의 본원적 자유의 실현을 봉쇄하는 비민주적 정치 담론으로 여겨졌을 것이다. 후일 이사야 벌린과 같은 자유주의 정치 이론가들이 루소의 일반 의지를 전체주의와 인민 민주주의를 근간으로 하는 공산주의 체제의 전거로 평가한 것도 무리는 아니다. 그러나 이념의 현실 적용성 여부를 차치하고서라도 대의 민주주의의 바탕은 국민 주권설에 있다는 점을 상기한다면 민주주의적 정치 공동체의 성립을 가능케 한 정치 이론으로서 루소의 사회 계약론이 갖는 의미는 막중하다 할 것이다.

정치 체제는 각 나라의 지리적 특성과 역사, 문화에 따라 다양한 모습을 띠고 나타난다. 개인과 집단의 의지가 합치하며 개인의 개별 의지가 일반 의지를 통해 단일하고 절대적인 정치 주권으로 현실화한다는 것이 루소 사회 계약론의 중핵이다. 이론과 현실의 거리를 부정할 수는 없지만, 루소의 정치 이론은 민주주의의 공통 강령으로 손색이 없다.

상이한 개별 의지를 보편적 일반 의지로 수렴하는 과정에서는 수많은 갈등과 타협이 필수적으로 수반된다. 보편은 관념일지라도 보편의 근사치에 이르기 위한 노력의 정도가 정치의 성숙도를 결정한다고 할 수 있다. 그 과정에서 견해의 다양성을 존중하는 대화와 타협이 필수적으로 요청된다. 지난한 과정일 수밖에 없지만, 독재 체제가 아닌 이상 정치적 대표성은 비효율적으로까지 보이는 부단한 토론을 거친 이후에야 확보된다.

　루소의 논의를 지금의 한국 정치 지형에 옮겨 놓는다면 이 시대의 일반 의지는 무엇일까? 특정 정치 세력이 전략적으로 제시한 시대정신의 범주에 일반 의지를 가두어서는 안 될 것이다. 특정 담론의 프레임을 확장적으로 적용하여 선악을 구분하는 어설픈 이념 논쟁은 중단되어야 한다. 검찰 개혁과 조국 수호 및 '검수완박'을 동일시하고 진보·개혁 페미니스트를 자처하는 세력이 '성폭력 피해 호소인'이라는 2차 가해의 폭력적 언사를 스스럼없이 내뱉는 꼼수는 일반 의지와는 아무런 관련이 없다. 그것이야말로 건전한 자기애가 아닌 자기 편애요, 만인의 평등이 아닌 편중을 실현하는 길일 것이다.

　지난 정권의 핵심 인사들이 범한 잘못을 애써 덮어 주며 이들을 맹렬히 지지하는 언론 스피커들과 팬덤 정치를 이끄는 민주당 극렬 지지자들은 이 말을 명심해야 할 것이다. 정치 공학에만 매몰되지 말고 루소가 설파한 보편적 일반 의지를 논하고 그것을 실현하기 위한 건설적 담론을 제시할 생각은 없는가? 국민의 대표라 하는 국회 의원이 민의를 대변하는 보편적 의제를 내세우지 못하고 유투버를 포함한 극렬 팬덤 정치 세력과 같은 여론 조작 집단의 눈치만 살펴서야 되겠는가? 제발 당신들의 특수한 개별 의지를 일반 의지로 둔갑시키지 말고 우리 사회에 존재하는 다양한 목소리들을 일반 의지로 수렴해서 진정한 민주주의 정치를 실현해 보는 것은 어떤가?

존 스튜어트 밀의 자유주의와 86세대의 진영 논리

존 스튜어트 밀John Stuart Mill은 19세기에 활동한 영국의 대표적인 지성으로 경험주의와 공리주의 윤리학에 기반하여 자유주의적 정치학 이론을 전개한 사상가이다. 그의 대표작인 『자유론On Liberty』의 한 대목을 주목해 보자. "여론을 빌려 자유를 구속한다면 그것은 여론에 반해 자유를 구속하는 것만큼이나, 아니 그보다 더 나쁜 것이다. 전체 인류 가운데 단 한 사람만이 다른 생각을 가지고 있다 해서, 그 사람에게 침묵을 강요하는 일은 옳지 못하다. 이것은 어떤 한 사람이 자기와 생각이 다르다고 나머지 사람 전부에게 침묵을 강요하는 일만큼이나 용납될 수 없는 것이다."

밀에 따르면 소수 의견을 제시하는 사람은 의도적으로 표현을 순화하고 상대방에게 자극을 주지 않게끔 세심한 주의를 기울인다. 이에 반해 통설을 따르는 사람들은 다양한 폭력적 언사를 동원해 자신이 내세우는 주장을 진리와 정의의 이름으로 정당화한다. 종교적 교의를 둘러싼 논쟁에 이를 적용하면, 정통 신앙보다 이교도에 대한 공격을 차단하는 것이 정상적인 토론의 분위기를 조성하는 데 필요한 조치라 할 수 있다. 밀은 소수 의견이 대세에 구애받지 않고 있는 그대로 표출될 수 있는 사회를 자유가 보장되는 사회라고 주장했다.

인간은 유한한 존재라 기하학이나 수학적 공리와 같은 것을 예외로 하고서는 진리란 존재할 수 없다는 사실을 인정해야 한다. 물리학을 포함한 자연 과학에서 통용되는 진리 또한 새로운 관측 기술을 통해 새로운 사실이 발견되면 기존의 위상을 상실한다. 밀은 지식의 진보를 통한 진리로의 접근이 용이해지려면 진리에 대한 독단적 태도를 버리고 반대 이론에 귀를 기울이는 개방적인 토론의 분위기가 확산되어야 한다고 보았다.

자신이 속한 진영과 자신이 지지하는 정치인이나 정당의 정견과 입장을 진리로 간주하며 여기에서 한 치라도 어긋나면 갖은 폭력적 언사를 동원하여 상대 진영을 악마화하는 저급한 팬덤 정치가 횡행하고 있는 요즘이다. 이러한 행태는 진보·개혁적 정치 세력임을 자부하는 진영에서 심심찮게 발견된다. 과거 반독재 투쟁의 경험을 간직한 86세대 정치인들은 이러한 여론전을 극단적 상황으로까지 끌고 가는 경향이 농후하다.

진보와 보수의 기치를 내걸고 벌인 진영 간의 치열한 여론전은 서로의 가슴에 크나큰 증오와 상처만 남기며 가치관의 양극화를 심화시켰다. 손바닥이 마주쳐야 소리가 나듯 현 상황에 대한 책임은 양 진영 모두에 있다. 그러나 대립과 갈등을 격화하고 패쇄적이고 획일적인 진영 논리를 확산시킨 주범은 586 운동권 출신 정치인들이 즐비한 진보 정당이었다. 이러한 행태는 밀의 관점에서는 도저히 수용할 수 없는 독단론에 불과하다.

자기 진영의 정치적 승리에만 혈안이 된 채 세력을 규합·조직하고 전투적인 담론 지형을 형성하여 상대 진영을 공략하는 행태는 86세대 정치인들이 청년기 때부터 뼛속까지 체화했던 운동권의 투쟁 논리와 유사하다. 민주 대 독재라는 선악의 대결 구도가 무너졌음에도 불구하고 매 현안을 이와 동일한 방식으로 해결하려 드는 행태는 시대착오적이다.

폭압적 군부 독재가 사라지고 제도적 민주화가 진척된 마당에 핍박받는 민주 투사의 이미지를 소환하여 민중을 선동하던 시대는 이미 지났다. 상대 진영을 박멸하고 승리자의 전리품을 챙기는 데 집착하는 것은 민주 정치의 실현과 거리가 멀다. 민주주의의 심화와 민생 현안에 대한 입법을 부단히 고민하고 진정성 있는 실천을 통해 참된 민주 정치인으로 거듭나길 이들에게 바라는 것은 지나친 기대일까?

막스 베버와 책임 윤리의 정치

 정치는 열정적인 소수가 주도한다. 이들의 집단적 열정은 표로 직결되기 때문이다. 특정 정치인에 대한 극렬 지지자들도 예외가 아니다. 특정 사안에 대해 유명 정치인을 중심으로 조직적 결속력을 드러내는 팬덤 정치의 화신인 이들은 자신들이 지지하는 특정 정치인이나 정당의 안위뿐만 아니라 현금의 정치 현실을 좌우할 만한 막강한 힘을 갖고 있다.
 최근 들어 목소리 큰 집단의 정치적 의사가 과잉 대표되는 경향이 강화되고 있다. 수는 문제가 되지 않는다. 다수인 청년과 서민은 당장의 일상에 묶여 자유롭고 열정적인 댓글 달기나 정치 참여를 감행하지 못한다. '태극기 부대'가 보수의 대표자가 아니듯 '문빠'나 '개딸'이 진보 진영의 정치적 의사를 대변하지 않는다.
 『프로테스탄티즘 윤리와 자본주의 정신』의 저자이자 근대 사회학의 포문을 열었다 평가되는 막스 베버$^{Max\ Weber}$는 신념 윤리를 따르는 사람들은 세계의 윤리적 비합리성$^{die\ ethische\ Irrationalität\ der\ Welt}$을 견디지 못한다고 이야기한 바 있다. 자기만의 명확한 가치관이나 윤리적 신조에 따라 살아가려 하는 사람들은 세상의 부조리함과 모순을 견디기 힘들다는 말이다. 신념 윤리는 선한 의도는 선한 결과를, 악한 의도는 악한 결과를 가져온다는 인식 체계에 바탕을 두기 때문에 위와 같은 어려움에 처하게 된다.
 베버는 『직업으로서의 정치』라는 저서에서 정치 현실에 기초한 정치인의 바람직한 덕목과 행위에 대해 논했다. 베버는 어떤 목적이 어떤 수단을 신성화해야 하는지를 윤리적으로 판결하는 것은 불가능하기 때문에 신념 윤리에만 의존해서 정치 활동을 이끌어 갈 수 없다고 보았다. 특정한 가치관과 목표 의식을 갖고 정치 활동을 수행하면서도 정치 행위의 결과를 예측할 수 있는 범위 내에서 충분히 책임을 지는 행위가 직업 정치인이 견지해야 하는 덕목이라고 생각했던 것이다.

그러나 겉으로는 친서민, 한반도의 평화 정착, 소수자나 사회적 약자를 위한다고 하면서 실질적으로는 정치 공학적 유불리를 중시하는 정치 행태는 신념 윤리와 책임 윤리를 자의적으로 뒤섞으며 자신들의 세력을 강화하고 연장하려는 꼼수에 불과하다. 특히 1960년대에 태어나 1980년대에 대학을 다니며 학생 운동에 참여한 86세대 출신의 정치인들은 이러한 꼼수 부리기의 선봉에 서 있다. 과거의 투쟁 경험 때문인지 이들의 표리부동한 꼼수 정치는 대단히 공격적이고 폭력적이다.

이들은 소득 주도 성장, 부동산 정책, 안보 정책, 고용 정책 등 국정 전반에서 드러난 실패에 대해서는 반성의 기미를 전혀 보이지 않고 원외의 극렬 추종 세력을 동원해 변형된 팬덤 정치를 이어가고 있다. 일본의 반도체 소재 수출 규제 정책을 빌미로 민족 감정을 부추기고 이를 검찰 개혁에 무리하게 접목하려던 진영 논리의 폐해는 가치관의 양극화와 사회 분열로 이어졌다. 보편성도 설득력도 없는 논리를 정치적 신념으로 앞세웠던 이들은 직업 정치인으로서 가져야 할 최소한의 책임 윤리도 없었다. 촛불 혁명 완수를 기치로 내걸었지만 극심한 빈부 격차와 비정규직 문제, 주택 문제만 악화시켰을 뿐이다. 완벽한 언행일치까지 기대한 것은 아니었지만 치적이 막장 수준이라 공약 이행의 평가가 불가능할 지경이다. 북핵 문제를 포함한 대북 외교 정책은 원칙이나 소신 없이 바깥의 눈치만 살피다가 한반도 평화 정착이란 공염불만 반복했을 뿐이다. 말로만 민주와 평화를 떠들어 댔을 뿐 그에 상응하는 성과가 전혀 없다시피 했다. 정치인에게 요구되는 기본적인 책임 윤리를 갖추고 있는지가 의심스러울 따름이다.

베버가 신념 윤리의 과잉을 경계한 것은 정치가 물리적 강제력을 수단으로 통치 행위를 수행한다는 속성을 갖기 때문이다. 정치적 소신은 행위의 결과를 예측·고려하는 책임 윤리에 바탕을 두지만, 신념 윤리의 과잉은 해당 신념에 반대하는 세력이나 개인을 악으로 몰아 무력이라는 물리적 강제력으로 이들을 폭력적으로 단죄하기 때문이다. 베버가 국가를 합법적 폭력을 독점하는 정치체로 규정한 것은 바로 이런 맥락에서였다.

미약한 책임 윤리로 점철된 정치 행태는 타당성을 결여한 신념 윤리를 앞세운 정파적 이데올로기임이 만천하에 드러났다. 진보와 보수라는 이념적 구분과 무관하게 자당의 정략적 이해관계에 따라 유권자들을 갈라치기하고 선전·선동을 일삼은 행위는 민주주의의 본원적 가치에 비추어 심판받아야 마땅하다. 반독재 투쟁 시기에 외쳤던 구호나 세계관은 타당성을 갖춘 신념 윤리로는 결격이다. 알량한 신념을 앞세워 책임 윤리를 저버리다 못해 여론 조작과 갈라치기로 끊임없이 분열을 일삼는 세력을 역사는 단죄할 것이다.

미국 건국 영웅들의 대의 공화정과 팬덤의 직접 민주주의

"대중의 이성은 언제나 바르게 행동하는 법을 모른다. (중략) 정치를 움직이는 매개물은 대중적 격정이다.", "언론은 열기에, 상스러운 드라마에, 끊임없는 흥분에 얹혀 산다." 대중 중심의 민주주의를 비판하고 중앙 집권적 연방주의를 옹호한 피셔 에임즈Fisher Ames가 한 말이다. 또 다른 연방주의자이자 미국의 2대 대통령이었던 존 애덤스John Adams는 "인간의 욕구, 격정, 선입견, 자기애는 인간이 도입한 수단인 자비심과 지식만으로는 결코 극복될 수 없다."라고 했다.

에드먼드 버크와 같은 보수주의자나 존 애덤스, 피셔 에임즈와 같이 온건한 자유주의 정치 체제에 입각한 연방 공화국 건설을 목표로 했던 미국 독립의 영웅들은 프랑스 혁명의 급진성에 대해서는 대체로 비판의 입장을 공유했다. 이들은 프랑스 혁명을 주도한 개혁주의자들은 절대적 평등과 절대적 자유의 정신에 집착한 결과 인간의 다양성과 사회적 복합성을 무시하고 단일한 중앙 집권적 국가 체제의 성립을 맹렬히 요구했다고 진단했다. 루소가 설파한 일반 의지는 단일한 중앙 집권적 국가가 개인의 자유를 보장하고 표상하는 기제가 됨을 정당화했다. 그러나 에드먼드 버크와 존 애덤스가 보기에 프랑스 혁명기에 유행했던 이러한 정치 이론은 집산주의적 독재 국가의 성립으로 귀결될 뿐이다. 추상적이고 관념적인 자유의 개념은 필연적으로 파쇼적 독재 체제의 성립으로 이어질 수밖에 없다는 것이다.

명확한 삼권 분립과 양원제 등 권력의 집중을 막고 견제와 균형의 원리에 따라 국가가 운영되어야 독재정의 폐해를 미연에 방지할 수 있다는 게 존 애덤스 정치 철학의 기조였다. 존 애덤스는 버크가 절대적 민주정은 군사 독재정으로 귀결될 수밖에 없다는 점을 언급하기 3년 전에 이와 동일한 이야기를 했다. "국민의 목소리가 지배하는 곳에 균형이 없다면 끊임없는 불안정, 혁명, 공포가 지속된다. 장군이 지휘하는 상비군이 평화를 강제하거나 모든 사람이 균형의 필요성을 인정하고 이를 채택하면 안정이 온다." 혁명에 수반된 사회 혼란과 나폴레옹의 등장까지 예견한 걸 보면 대단한 선견지명이다. 적절한 권력 분산, 즉 양원제와 대통령제에 입각한 애덤스식의 연방제는 프랑스 혁명의 유산이 미국 사회에 유입되는 것을 차단했다. 이로 인해 단원제 의회, 중앙 집권제, 인간의 이성과 양심, 자비심을 인정하는 목가적 의식 등은 미국 사회에 정착되지 못했다.

미국 공화정의 이념적 비조를 꼽으라면 제임스 해링턴$^{James\ Harrington}$을 지목할 수 있다. 해링턴은 향후 미국이 실현할 온건 공화정의 이론적 기반을 마련했다. 그는 베네치아와 스파르타와 같이 일반 시민의 자유를 사회적 안정성 확보에 희생시키는 보존 우위의 공화국$^{republic\ for\ preservation}$과 인민에게 폭넓은 정치적 역할을 부여하는 확장적 형태의 공화국$^{expansive\ republic}$을 명확히 구분했다. 그는 무장이 가능한 자영농을 기반으로 한 보존적 형태의 공화정을 지향하였다. 상원 의원과 대통령이 간선으로 선출되어 지혜롭고 덕성으로 충만한 엘리트 정치인이 인민의 의사를 대변하는 형태의 대의 공화국은 미국 헌법에서 결실을 맺게 되는데, 이는 해링턴식 공화주의의 영향이다.

엄밀히 말하면 해링턴은 보존적 형태의 공화국론에 확장적 형태의 공화국론을 부가한 절충적 입장을 취했다. 그가 『오세아나^{Oceana}』에서 상정한 공화국은 엘리자베스 시대부터 활성화되어 아일랜드 정복으로 결실을 맺은 영국의 대외 팽창적 제국주의 정책을 반영했다. 대신에 그는 자영농을 중심으로 한 재산상의 균등이 팽창 정책에 수반된 독재와 사회적 폐해를 방지할 수 있는 안전판이 된다고 믿었다. 자영농의 정치적 독립성과 경제적 풍요를 보장하면 팽창 정책의 폐해를 충분히 극복할 수 있다는 게 해링턴의 입장이었다.

앨저넌 시드니$^{\text{Algernon Sidney}}$는 해링턴보다 더 극렬한 공화주의자로 인민의 동의에 의한 정부만을 합법적이라 간주했다. 특히 그는 참주에 의한 전제적 독재정을 맹렬히 비난하였다. 시드니는 정치적 권한을 인민에 의해 위임된 것으로 전제하였다. 인민은 위정자에게 정치적 권한을 위임한 것이기 때문에 필요할 때 언제든 탈취할 수 있다고 보았다. 대신 그는 능력주의^{meritocracy}에 입각한 귀족 중심의 공화정을 최상의 정치 체제로 생각하였다.

미국 혁명기 토머스 제퍼슨$^{\text{Thomas Jefferson}}$, 토머스 페인$^{\text{Thomas Paine}}$ 등 그 어떤 혁명 지도자나 이론가도 인민의 직접적인 정치 참여를 보장하는 급진 민주주의나 경제적 평등의 관념을 지지하지 않았다. 토머스 제퍼슨은 키케로의 『의무론$^{\text{De Officiis}}$』을 인용하면서 조지 3세의 식민 통치를 비난했다. 왕은 인민의 동의로 임명하는 것이고 최고 행정관$^{\text{supreme magistrate}}$은 공공의 선을 보장하는 행위자요 인민의 복리를 보장하고 확충하는 역할에 전념해야 한다고 지적했다. 미국인들은 노르만 정복기의 임차인이 아니라 자유 토지 보유농이라 영국 본국 정부가 함부로 아메리카 식민지 정착민들의 토지를 처분할 수 없고 이들의 자치권을 침해할 수도 없다고 주장했다.

공화정은 도시 국가 수준에서나 가능하다는 논의가 지배적이었다. 연방제를 통한 미국식 공화정은 규모 면에서나 내용 면에서나 인류 역사상 가장 독특한 면모를 띠었다. 미국 공화정은 폴리비오스가 이야기한 혼합정에 바탕을 두었고 구성원의 덕성을 지나치게 강조하지 않았다는 측면에서는 대중적 공화정의 성향을 띠고 있었다. 이것은 직접 민주정이 아닌 대의 민주제라는 정치 체제의 등장으로 구체화되었다. 미국식 대의 공화정에서는 다수 국민의 의사를 대변하는 정치인은 일반인보다 유능할 수는 있어도 대단한 수준의 덕성의 소유자일 필요는 없었다.

다수의 독재를 혐오했던 토머스 제퍼슨은 구 단위 수준의 공화정ward republic을 원했다. 제퍼슨의 공화주의는 자영농에 기반한 소규모 농업 공동체를 근간으로 한다. 그는 외교 업무와 국방만 중앙 정부에 위임하고 대부분의 행정, 사법 업무는 해당 지방 정부에 일임하는 정치 체제를 지지했다.

강력한 중앙 정부를 원했던 알렉산더 해밀턴Alexander Hamiltond이 완고한 연방주의자였다면 제임스 매디슨James Madison은 온건한 연방주의자에 가까웠다. 매디슨은 인간의 미약한 본성, 파당 형성과 파쟁의 불가피성을 인정했다. 그러나 견제와 균형의 정신을 실현하는 적절한 제도가 이 모든 약점을 극복할 수 있게 해 준다는 입장을 취했다. 매디슨은 합리적 제도의 정착이 신생 공화국 미국의 안정을 가져다줄 해결책이라고 보았다. 다른 공화주의자들과 유사하게 매디슨 또한 공화주의와 민주주의를 명확히 구분했다. 이들은 민주주의를 직접 민주정과 동일시 하며 파당 간의 극심한 갈등과 사회적 혼란을 조장하는 정치 체제로 간주하였다. 대신 이들은 대의 민주정의 필요성을 역설하였다.

제임스 매디슨은 집단으로서의 인민을 정부의 의결 과정에서 배제하는 대의적 공화정을 지지했다. 직접 민주정과 대의 민주정을 나누는 기준은 정치적 대표의 존재 여부가 아니었다. 고대 그리스에서도 전체 인민의 정치적 의사가 직접 표출되는 직접 민주정을 시행했지만 실제의 운영에서는 500인 평의회와 같이 인민의 대표자들로 구성된 의결 기관이 국정을 주도했다. 매디슨의 표현대로 순수 민주정인 직접 민주정 체제에서는 집단으로서의 인민이 입법 과정에 참여하여 자신들의 이해관계를 직접 반영하려 든다. 그는 플라톤이 지적한 것처럼 인민들의 지식과 자질이 부족하여 중우정으로 변질될 우려가 있다는 이유에서 직접 민주정을 수용하지 않은 게 아니다. 매디슨은 '누구도 자신의 사건과 관련하여 심판관이 되어서는 안 된다'라는 지침을 따랐다. 이것은 정치의 공정성과 사회 정의를 담보하는 지침이었다. 인민이 입법에 관여하면 자신과 관련된 사법적 사건에 개입하는 효과를 자아낼 수밖에 없다고 생각했다. 그것은 절대 왕정처럼 인민이 주체가 된 무제한적 폭정으로 귀결될 소지가 다분했다.

대의 민주정에서는 자신의 사건을 스스로 판결하지 않고 대리인이 판결하게끔 한다. 또한 행정과 입법, 사법의 권한을 분리하여 세 가지 권력이 상호 견제하고 균형을 이루게끔 한다. 제임스 매디슨은 미국과 같이 영토가 넓고 각 주의 정치적 성향이 다양하게 나타나는 나라인 경우에는 대의 민주정과 삼권 분립에 입각한 제한적 민주정이 공화주의 정신에 부합한다고 생각했다.

매디슨은 파당 문제를 거론하며 다수파의 횡포가 공화정의 맹점이라고 주장했다. 그는 순수 민주정 체제에서 대표는 인민 전체의 정치적 의사를 오롯이 대표하지 못하고 다수 혹은 세력이 강력한 파당의 도구가 될 확률이 높다고 보았다.

민주주의라는 명목하에 제정된 법률이 부의 평등 분배에만 초점을 맞춘다면 개인의 재산권을 침해하여 결과적으로는 개인의 자유를 침해하는 결과를 가져올 수도 있다. 개인의 사적 권리를 충분히 보장하면서도 공공선을 추구하는 정치 형태를 공화정으로 본다면 개인의 자유와 사회의 공공선을 적절하게 조화시키기 위한 제도 설정이 요청된다. 이를 위해서는 인민의 정치적 의사를 대변한다고 자부하는 여러 파당 간의 갈등을 중재하고 조정할 수 있는 중립적 성향의 주권이 필요하다. 매디슨은 대의제와 삼권 분립에 바탕을 둔 연방주의 형태의 제한적 공화정이 이러한 목적에 가장 잘 부합한다고 생각했다. 일찍이 몽테스키외가 왕정과 민주정의 장점을 절충한 제한 군주정을 높이 평가했듯이 제임스 매디슨 또한 대의제와 삼권 분립, 연방제에 입각한 제한 민주정을 지지했다. 매디슨을 중심으로 한 연방주의자들이 지칭한 공화정은 대의 민주정에 입각하여 중앙과 지방의 각 주 간의 권한을 합리적으로 조정한 절충적 형태의 정치 체제였다.

매디슨은 특정 파당이 다수당으로 기능하면서 인민의 정치적 의사를 자의적으로 과잉 대표하는 경우를 방지하기 위해서는 규모가 큰 선거구가 전제되어야 한다고 주장했다. 큰 선거구 안에서 수많은 파당이 상호 경쟁할 수 있는 분위기가 조성된 상태에서 지혜와 덕성을 갖춘 탁월한 정치인이 인민의 대표자로 선출되면 특정 파당의 독주를 방지하고 다수 인민의 정치적 의사를 대변할 수 있다는 것이었다. 탁월한 자질을 갖춘 인민의 대표자는 날 것 그대로인 인민의 정치적 의사를 정제하여 공익과 공공선에 부합하는 정치적 의제로 변환시켜야 한다고 주장했다.

대표는 인민과의 관계에서 적절한 간격을 유지할 필요가 있었다. 인민의 의사가 직접 표출되는 것은 특정 파당의 정치적 의사가 과잉 대표되어 객관적 중재자로서의 정부의 기능을 무력화하고 경쟁에서 패한 여러 파당의 불만을 증폭시켜 사회적 혼란을 가중할 뿐이라는 것이었다. 매디슨이 보기에 대의제는 특정 인민 집단의 파당적 이익에 휘둘리지 않고 공공선과 공공의 복리를 확충하기 위한 목적에 상응했다. 그것은 공화주의적 대의에 부합하는 정치 제도였다.

사이버 여론 조작을 통해 강력한 파당을 조직해 특정 정치인과 정당을 우상 숭배하고 반대 진영을 마녀사냥 하는 팬덤 정치의 폐해를 상기하면 대의적 공화제의 합리성과 우수성을 직감할 수 있다. 특히 상대적으로 안정적인 경제적 기반을 공유하며 정계는 물론 사회 여러 분야에서 지도급 인사로 군림하고 있는 86세대들은 균질적인 세대 정체성을 공유하며 우리 사회에서 가장 유력한 파당으로 기능하고 있다. 이들은 여전히 대미 종속과 자주, 독재와 민주라는 흑백 논리적 도덕적 관념을 지니며 조직 보위의 논리를 앞세워 사사건건 진영 대결을 조장한다.

실용적 실력을 연마하고 미래를 대비하는 변화에 조응하려 하기보다는 자신들이 구축한 패거리 내에서 안주하며 다수의 횡포를 전 사회적으로 시전한다. 다 그런 건 아니지만 세대적 정체성에 대한 거부감이 없는 86세대 구성원들은 직장에서 20~30대 후배 직원들에게 과거의 경험을 무용담처럼 늘어놓으며 개인보다는 단체를 중시하고 능력보다는 패기와 동료애, 애사심을 강조하는 '꼰대' 상사로 군림하는 경우가 많다.

86세대는 대학입학 때부터 혜택을 받았다. 대학 입학 정원 확대와 졸업 정원제 폐지는 4년제 대학 졸업장 취득자가 소수였던 시기, 드높은 상징 자본을 부여하여 이들이 고급 일자리의 수혜자가 되게 했다. 87항쟁과 전대협으로 대변되는 반독재 통일 운동의 역사적 기억은 운동권 출신 인사들의 정치권 진입을 용이하게 했다. 1997년 말부터 본격화한 IMF에 따른 대량 해고의 여파마저도 이들을 비껴갔다. 주로 대리급 이하의 말단 사원이었던 이들은 정리해고 대상에서 제외되어 온전히 직업을 유지했고 18년 이상 근속하면서 현재는 회사의 임원으로 재직하며 직업 사회의 상층부에 속해 있다. 이들은 또한 부동산 시세가 상대적으로 안정적이고 제도적으로 신규 주택 구매가 유리한 시기에 집을 마련한 결과 대한민국 중산층의 중핵으로 등극했다.

개인 간의 편차가 있어 법칙화 하기는 힘들지만 86세대가 다른 세대에 비해 안정적인 삶의 기반을 마련하는 데 유리한 환경에 놓여 있었던 것은 엄연한 역사적 사실이다. 청년 시절에 경험한 민주화 운동과 장년이 되어 맛본 세속적 성공은 강한 세대 정체성과 자신들이 사회의 중심이라는 주류 의식을 양산했다. 이들은 대부분 자신들의 정치적 입지를 진보·개혁 진영의 범주에 두면서 경제적 이권과 사회적 지위 추구에도 열을 올리는 행태를 보인다.

　평등적 분배와 보편적 복지를 강조하는 좌파 정치 이념을 고수하면서 자본주의적 발전의 산물을 향유하겠다는 태도가 반드시 모순적이라 볼 수는 없다. 그러나 조국 사태에서 드러난 바와 같이 가치관과 현실적 삶 사이의 괴리는 진영 논리 아래 은폐된 채 사회적 비판의 영역에서 슬그머니 모습을 감춘다. 이들이 자주 드러내는 존재의 모순은 내로남불과 조폭 논리를 연상케 하는 폐쇄적 집단 정체성을 배경으로 속절없이 휘발된다. 상대 진영의 비판에 직면해서는 최상의 방어는 공격이라는 일념하에 적반하장식 정치 담론을 조성하여 일사불란한 움직임을 보인다. 조폭 집단을 연상케 하는 획일적이고 공격적인 제스처는 가치관의 양극화를 조장하여 국론 분열과 대중 선동적 정치 담론의 양산을 가속화한다.

　미국 독립 혁명기 제임스 매디슨을 비롯한 연방주의자들이 직접 민주정의 폐해를 파당 간의 극심한 쟁투에서 찾았던 원인이 바로 여기에 있다. 대의 민주정을 유산 계급 엘리트 중심의 과두정으로 폄하하면서 진정한 민주정의 실현을 인민의 직접적인 정치 참여에서 찾는 움직임은 정치의 과잉을 방불케 하는 한국 사회의 정치 현실을 감안할 때 재고의 여지가 있다. 쟁점은 대의 민주정이냐 직접 민주정의냐가 아니라 전체 인민의 의지를 합리적인 방식을 통해 얼마만큼 정치 과정을 통해 제대로 녹여낼 것인가에 있다. 불편부당한 중재자로서의 정치적 주권이 확립된 상태에서만 전체 인민의 의지가 제대로 반영될 수 있다. 의결 과정의 제도화와 함께 권력의 분립을 통한 견제와 균형의 정신이 보장되어야만 독재와 중우정 모두를 막을 수 있다. 대의제에 입각한 공화정을 표방했던 미국 연방 헌법 제정자들의 논의를 통해 팬덤 정치의 폐해를 극복하고 새로운 대안을 마련하는 계기로 삼자.

간디의 시민 불복종 운동과 86세대의 대중 선동 정치

지난 정권의 무능과 독단적이고 폐쇄적인 통치 행태에 실망한 민심이 비등하여 불과 5년 만에 정권 교체가 이루어졌다. 보수 세력의 대표임을 자임하던 정당이 여당이 되었지만, 독자적인 수권 능력이 전무하다시피 했던 상황에서 정권 교체가 이뤄진 결과 출범 초기부터 정권의 기반이 심각히 흔들리고 있다. 대통령을 비판하는 야권의 행태가 적반하장식의 비합리성으로 점철되어 있고 그 수준 또한 과도한 측면이 있다는 점을 부정할 수는 없다. 그러나 정권 교체 후 채 석 달도 지나지 않은 시점부터 전면적인 정권 심판론이 힘을 얻고 있는 상황을 정상적인 정치 과정의 결과로 보기엔 무리가 있다. 대통령의 낮은 국정 지지율과 정권 비판을 향한 드높은 여론의 원인으로는 현 정권의 오만함과 인사 실패, 검찰 및 사정 권력을 활용한 공안 정국 조성의 기류, 반서민적이고 친기업적인 경제 정책, 전 정부에 대한 노골적인 폄하 행태 등을 들 수 있을 것이다. 그러나 매 정권마다 반복되는 맹렬한 정권 비판의 성향은 특정 정권에 귀속되는 통치 행위의 모순점을 넘어 한국 정치에 상존하는 여론의 역동성을 방증하는 사례로 평가된다.

해방 이후 피와 희생으로 점철된 민주화 운동과 평화적인 정권 교체의 역사, 단기간에 거둔 산업화의 성과가 정권 심판론과 같은 정치의식에 녹아 있다고 할 수 있다. 따라서 정권 심판에 대한 열망이 높다는 것을 심각한 사회 혼란의 징표로 해석할 필요는 없다. 극심한 여론의 변화는 다수 국민의 높은 정치의식과 정치 참여의 열망을 반영하는 것이기 때문이다.

합법과 비합법의 방식을 아우르는 장구한 민주화 투쟁의 역사는 한국 민주주의의 발전을 가속화했고 '한강의 기적'으로 대변되는 산업화의 자양분으로 기능했다. 식민지 경험과 전쟁의 폐허 속에서 70년 이내에 선진국 대열에 진입한 나라는 한국밖에 없을 것이다. 과도한 민족 우월주의적 관점이 아니라도 이는 전 세계가 공인한 것으로 우리 스스로 무한한 자부심을 가질 만한 성과라 할 수 있겠다. 산업화와 마찬가지로 민주화 또한 급격한 과정을 겪었던 결과 한국 사회의 민주주의는 제도적 차원에서 발전한 대의 민주주의 체제와 시민의 정치의식이 직접 표출되는 일상의 민주화 담론 간의 유리가 심하여 적지 않은 사회적 문제를 양산했다. 대의 민주주의 체제의 중심축인 정당은 사회 구성원들의 다양한 정치적 의사를 대변하기는커녕 집권에만 혈안이 돼 있고 시민들 또한 합리적 의사소통의 장인 공론장을 등한시하고 특정 선동 세력에 의해 자신들의 정치적 의사를 저당 잡힌 지 오래다. 특히 이 과정에서 586 운동권 출신 정치인들과 이들과 정치의식을 공유하는 여론 주도층들이 레거시 미디어 legacy media와 SNS를 통해 폐쇄적이고 공격적인 진영 논리를 양산하고 있다. 그 결과 심각한 수준으로 여론이 왜곡되고 사회적 갈등은 나날이 격화하고 있다.

　폐쇄적 집단 논리에 입각한 이들의 공격적인 여론 조성 행태는 과거 반독재 투쟁 시기에 갈고 닦은 체제 저항과 사회 변혁 이론에서 적지 않은 영향을 받았다. 현 체제의 운영 방식이 헌법과 법률에 명백히 위배될 때 탄핵과 혁명으로 체제를 바로잡을 수 있을 것이다. 그러나 체제 전복의 필요성이 절박하지 않은 상태에서 부조리하고 모순된 체제에 저항하는 방식 중 가장 급진적인 형태는 시민 불복종 운동일 것이다. 기성의 법률을 준수하지 않고 사회 공론을 통해 인정된 도덕 윤리적 관념을 관철하려는 목적의 시민 불복종 운동은 비폭력의 형태를 취하면서 도덕적 정당성을 확보하고, 형벌을 감수하면서까지 목표로 설정한 도덕 윤리적 관념을 사회적으로 관철하려 한다. 그것은 노예제나 인종주의, 남녀 차별법, 사상 통제법과 같은 인간의 보편적 기본권과 관련된 악법을 폐지하고 개선된 법률의 제정을 꾀하는 정치 운동의 형태로 나타나기도 한다. 헨리 데이비드 소로Henry David Thoreau와 마하트마 간디Mahatma Gandhi에 의해 구체화한 시민 불복종 사상은 마틴 루서 킹Martin Luther King의 흑인 인권 운동이나 월남전 반대, 페미니즘, 성 소수자 권익 향상 운동, 납세 거부 운동 등에서 드러난 바와 같이 세계 전역에서 다양한 형태로 나타나고 있다.

문제는 과격하고 폐쇄적인 진영 논리를 조장하는 세력들이 시민 불복종 운동의 담론을 참칭하여 자신들의 정치 논리를 지고의 선으로 규정하고 반대 진영을 악마화하는 여론 양극화를 일삼고 있다는 것이다. 문재인 집권 시기, 정권 내 핵심 인사들에 대한 감찰과 법에 따른 제재가 임박하자 검찰 개혁 담론을 앞세워 민주주의 수호를 부르짖었던 행태나, 자신들도 별반 다를 바 없었으면서 '사적 채용'의 프레임으로 현 정권의 인사 정책을 비난하는 '내로남불'식의 행태는 시민 불복종과 같은 급진적 저항 담론을 왜곡하고 남용하는 처사라 할 수 있다. 여기서는 시민 불복종 운동의 대표 사상가인 소로와 간디의 논의를 살펴보면서 앞서 언급한 모순된 여론 조성 방식을 바로잡는 계기로 삼고자 한다.

이 글에서 586 운동권 출신 정치인들을 비판하는 것은 특정 세대와 특정 정당 소속의 정치인을 주된 공격 대상으로 삼기 위함이 아니다. 이 글은 시민들의 수준 높은 정치의식을 제대로 반영하고 이익 추구와 권력 유지가 아닌 민주주의와 미래지향적 국가 발전을 위한 정책을 입안·실천하라는 간곡한 충언을 담고 있다. 생태 아나키즘의 주된 이론가이자 『월든Walden ; or, Life in the Woods』의 작가 헨리 데이비드 소로와 비폭력과 진리 고수, 시민 불복종 저항 운동을 중심으로 인도의 독립 투쟁을 주도한 마하트마 간디의 사상을 일별하면서 바람직한 정치 비평 담론이 정착되는 계기로 삼는다.

시민 불복종civil disobedience의 일상화는 특정 사회의 민주화 정도를 가늠하는 시금석이라는 인식이 확산하면서 인간의 기본권이 침해되는 예외적 상황에서만이 아니라 상시로 발동될 수 있어야 한다는 논의가 힘을 얻고 있다. 생태 자연주의의 정수로 알려진 『월든』의 작가 소로는 「시민 정부에 대한 저항Resistance to Civil Government」이라는 글에서 시민 불복종 개념을 최초로 제시했다. 소로는 "우리는 먼저 인간이어야 하고, 그 다음에 국민이어야 한다고 나는 생각한다. 법에 대한 존경심보다는 먼저 정의에 대한 존경심을 기르는 것이 바람직하다."라고 썼다. 국가 권력에 의해 제정된 실정법보다도 보편적 정의를 인간 삶의 기준으로 설정하고 정의에 어긋나는 정치 권력에 대해서는 단호하게 저항해야 한다는 것이 소로가 주창한 시민 불복종론의 핵심이었다. "단 한 명이라도 부당하게 감옥에 가두는 정부 밑에서, 정의로운 사람이 있을 곳은 역시 감옥뿐이다."라고 역설한 소로의 시민 불복종론은 인도 독립 운동의 중심인물이었던 간디의 사상에도 지대한 영향을 끼쳤다.

간디는 제국주의, 인종 차별주의, 민족주의, 서구식 물질문명 등은 세상의 일반적 악이요, 이기주의나 감각적 쾌락과 같은 것은 개별 자아의 내면에 존재하는 악이라고 규정했다. 그는 우주 만물의 상호 의존과 교류를 중시했고 인간의 교만을 우주 만물의 상호 유기체성을 파괴하는 폭력으로 간주했다. 간디는 이기심에 근거한 각자의 욕심을 거두고 해탈과 열반을 추구하는 삶을 주문했다. 그는 세상이 바람직한 방향으로 개선되고 변화하기 위해서는 인격 도야로 충만한 개별자의 윤리적 변화가 선행되어야 한다고 주장했다. 비폭력 정신의 정수이자 불살생을 뜻하는 아힘사ahimsa와 진리의 힘 내지는 진리의 파지把持를 뜻하는 사티아그라하satyagraha는 이러한 사상적 바탕 위에서 도출된 것이다.

간디에 따르면 진리는 목적이고 아힘사는 진리에 이르는 수단이다. 브라마차르야^{brahmacharya}는 청정행 또는 순결을 의미하며 불투도$^{不偸盜:절도의 금지}$, 무외$^{無畏:두려워하지 않기}$, 무소유, 미각의 통제 등은 아힘사를 구현하는 세부 요소들이다. 한편 스와라지^{swaraj}는 자치를 뜻하는데, 내면의 자치를 이루어야 정치적 자치와 독립을 획득할 수 있다는 내용을 주된 골자로 한다. 앞서 나열한 간디 사상의 주요 개념은 도량이 좁고 폐쇄적인 민족주의를 넘어선 우주적 차원의 내셔널리즘으로 요약된다.

간디는 산업주의는 제국주의에서 드러난 바와 같이 소수의 다수 지배를 정당화하는 결과를 가져온다고 주장했다. 그는 촌락 공동체의 삶이 확산하여야 물질과 폭력의 굴레에서 벗어날 수 있다고 보았다. 간디는 판차야티^{Panchayati}로 불리는 마을 의결 기구를 중심으로 마을의 독립성에 근거한 자치 공동체 연방이 전 인도 사회에 실현되기를 바랐다.

간디는 동물과 식물에 이르기까지 사랑을 실천하는 삶을 꿈꿨다. 그는 모든 인도인에게 삶의 필수품이 고루 분배될 때까지는 자신은 히말라야에서 휴식을 취하지 않겠다고 밝힌 바 있는데, 여기서 삶의 필수품이란 일상의 안전 확보와 분수에 맞는 의복·교육·음식·주거 등을 지칭한다. 간디는 브라마차르야라 일컬어지는 청정행을 통해 육욕을 끊고 신과 합일하는 해탈의 삶을 동경했다. 그가 서양의 산업 기술 문명을 비판하고 생태주의에 입각한 촌락 공동체의 삶을 추구했던 것은 이러한 목적을 염두에 둔 것이었다.

간디의 비폭력 사상이 현실 비평에 적용된 사례는 1909년 저술한 「용감한 일본 병사」라는 논평에서이다. 간디는 이토 히로부미와 그를 암살한 안중근 모두 비폭력 원칙을 지키지 않았다는 이유로 비판했다. 조선 침략의 원흉 이토 히로부미는 조선인의 의사와 무관하게 폭력을 동원해 조선을 병합했고 안중근은 악의 처단이라는 대의를 실천했으나 살생이라는 폭력적 방법을 동원했기 때문에 두 사람은 본질적으로 동일한 악행을 저지른 것으로 평가할 수밖에 없다는 것이다. 이처럼 그의 비폭력 정신은 편협한 민족주의를 초월할 만큼 엄밀했다.

판단이야 각자의 몫이겠으나 2021년 4월 국회를 통과한 역사 왜곡 처벌법의 관점에서 비폭력 정신에 입각한 간디의 논평이 어떻게 평가될지 의문이다. 시대가 다르고 당사국의 역사적 경험이 상이하기 때문에 단순 적용에는 무리가 따른다. 그러나 상기의 법률 제정 과정에서 정치적 이해관계가 깊이 개입되었다면 달리 생각해 볼 문제이긴 하다. 법률에 포함된 역사적 대의가 개인의 의사 표현의 자유를 유예할 만큼 충분할 정도로 사회적 합의에 따른 보편적 정의에 합당했는지가 관건일 것이기 때문이다. 반공 세력과 산업화 세력 등 이른바 한국 사회에서 보수주의자임을 자칭하는 정치 세력들은 물론 문재인 정부의 정책을 비판하는 사람들에게까지 '토착 왜구'라는 모욕적 언사를 서슴지 않았던 당시의 분위기를 고려하면 애초에 내세웠던 역사적 대의의 진정성에 의심이 가는 것은 사실이다.

고대 인도의 윤리적 이상인 아힘사, 즉 무상해無傷害 사상에 기반을 둔 사티아그라하는 현존하는 악에 대한 단호하지만, 비폭력적인 저항을 뜻한다. 간디는 톨스토이와 헨리 데이비드 소로, 『성경』, 『바가바드 기타』와 같은 경전의 영향으로 진리의 고수나 관철을 뜻하는 사티아그라하 사상을 더욱 정교화했다. 영국 보수주의 정치의 대변인 격이자 인도에 대한 영국의 식민 지배를 옹호했던 윈스턴 처칠[Winston Churchill]이나 일군의 마르크스주의자, 반전체주의자이자 사회주의자였던 조지 오웰 등 간디의 사상의 대표적 비판자들은 사티아그라하가 지나치게 높은 도덕적 정신과 실천을 요구하기 때문에 현실적인 운동 논리로는 너무나 이상적이고 적용 가능성 또한 희박하다고 주장했다. 사티아그라하의 본뜻은 무저항이 아니라 부조리하고 모순된 실정법에 저항하는 불복종이다. 프랑스 출신의 신마르크스주의자인 발리바르[Etienne Balibar]도 지적한 바 있듯, 그것은 반율법주의^{antinomianism}에 바탕을 둔 시민 불복종 운동과 가깝다 할 것이다. 아힘사와 사티아그라하 정신은 무저항 비폭력으로 대변되는 수동적이고 소극적인 행위 양식이 아닌 혁명의 문명화를 담보하는 세련된 저항과 변혁 운동의 형식으로 재해석할 필요가 있다. 따라서 간디의 비폭력 사상은 수동적인 것이 아니라 공세적이고 창조적인 성격을 띤다고 볼 수 있다.

사티아그라하와 아힘사는 실제 운동을 통해 비폭력과 진리 고수의 정신을 구체화하고 실현하는 형식을 띰으로써 이론과 실제 간의 구분을 무력화한다. 이것은 간디 사상 전문가인 본두란트가 말한 바와 같이 '목적을 창출하는 역동적 방법$^{a\ dynamic\ end\ creating\ method}$'으로 요약할 수 있다. 스와라지는 자율적이고 현실 대응적인 운동을 통해 대중을 진리의 담지자로 변화시킴으로써 사티아그라하와 아힘사의 정신을 구체적으로 실현한 정치적 자치 운동이자 대영 독립 운동이었다.

합법적으로 선출된 권력이라도 주권자인 국민의 기본권을 침해하고 공공의 복리를 저해하는 통치 행위를 일삼을 때 국민의 저항권은 정당화된다. 그러나 간디의 불복종 사상에 따르면 비판의 대상을 악마화하고 폐쇄적인 집단 논리로 여론을 왜곡·호도하는 행태는 시민이 진리의 담지자가 되어 전개하는 비폭력과 자치의 대안적 민주주의 운동과는 거리가 멀다. 무분별한 대중 선동에 입각한 편 가르기 정치는 불의에 항거하는 시민 불복종 운동과는 궤를 달리하는 것이다.

한국 사회의 시민 불복종 운동은 1987년 6월 항쟁을 전후해 활발하게 전개되었다. 1986년 KBS 시청료 납부 거부 운동에서 시작하여 2000년 총선 시민 연대가 주도한 국회 의원 후보자 낙천·낙선 운동, 양심적 병역 거부 운동 등은 시민 불복종 운동의 주요 사례로 기억되고 있다. 합법적 형식을 띠긴 했으나 박근혜 탄핵 당시 활기를 띠었던 촛불 항쟁 또한 국정 농단과 같은 반헌법적이고 정의에 반하는 통치 행위에 대한 거국적 저항이었다는 점에서 시민 불복종 정신을 구현한 경우라 판단할 수 있다.

정의론으로 유명한 존 롤즈$^{\text{John Rawls}}$는 시민 불복종론을 현대적 관점에서 계승·발전시켰다. 인간의 자연적 의무가 법이나 제도에 따른 정치적 의무에 선행한다는 것이 그의 입장이었다. 그러나 롤즈는 입헌주의가 충분히 제도화된 체제에서만 시민 불복종이 가능하다고 보았다. 법률은 명목상으로만 존재하고 실제의 통치 행위는 독재자나 소수의 특권 세력에 의해 독점되는 비민주적 정치 체제에서는 공동의 정의가 확립될 여지가 없으므로 비폭력에 바탕을 둔 시민 불복종 또한 실현될 수 없다는 논리였다.

롤즈의 논의대로 시민 불복종 운동이 정상적인 민주 국가에서만 의미를 지닐 수 있다면 폭압적 독재 국가에서는 체제가 요구하는 법적 의무에 대한 불복종보다는 체제의 전복을 꾀하는 직접 행동$^{\text{direct action}}$이 민주주의 회복을 위해 더욱 효과적일 수 있다. 자유 민주주의가 소수 엘리트 중심의 과두정에 불과하고 사회적 소수자의 권익을 제대로 보장해주지 못하는 현실에서는 소외된 집단의 직접 행동이 감행될 여지가 크다. 직접 행동은 현실의 모순을 타파하려는 소외된 다수의 절박한 심정에 기인하는 것으로 사회 밑바닥에서부터 펼쳐지는 활발한 토론과 집회를 통해 개혁의 주체성과 능동성을 확보한다. 강자의 이익을 대변하는 법률이나 제도를 타파하려는 직접 행동은 대의 민주주의 체제의 단점을 저항적 실천을 통해 극복한다. 직접 행동은 기존 체제를 인정하는 전제 하에서 기성 법률과 제도에 저항하는 시민 불복종 운동보다 더욱 급진적이다. 그것은 기성 체제의 전복과 새로운 체제의 성립을 꾀하는 혁명 행위에 가깝다.

시민 불복종은 국가뿐만 아니라 자본주의 체제의 중핵으로 기능하는 대기업의 비윤리적 경영 행태를 비판하는 역할을 하기도 한다. 경영권의 부정 승계와 상속세 회피를 위한 주가 조작 등 경제 질서 자체를 교란하는 엄중한 범죄 행위에 맞서 상품 불매나 기업 이미지 비판을 위한 전 국민적 여론 조성 행위를 벌이는 것은 시민 불복종의 일환이다. 그것의 주된 목적은 경제 민주화의 적용 영역을 확장하려는 것이다.

소득 주도 성장, 혁신 경제와 더불어 공정 경제라는 캐치프레이즈를 내걸고도 대기업의 분식 회계와 계열사 불법 합병을 명명백백하게 파헤치지 못한 문재인 정권의 한계는 시민 불복종의 주요 대상일 수 있었다. 그러나 정치 공학적 관점에서 도출된 진영 논리가 시민 사회의 정치 담론까지 잠식함으로써 경제적 영역에서 가능할 법했던 거국적 수준의 시민 불복종 운동은 실현되지 못했다. 박근혜를 탄핵으로 이끈 촛불 혁명의 이념적 기반은 시민 불복종 정신에서 찾을 수 있지만, 민주주의 수호를 위한 시민 불복종 정신의 순수성과 일관성, 지속성, 대중성이 확보되지 못한 것은 큰 아쉬움으로 남는다. 시민 사회의 정치적 활동이 경쟁하는 정치 집단 간의 알력 다툼에 이용되는 현실이 이러한 상황을 더욱 확산시켰다.

민주주의 정신을 체화하고 정치 권력과 자본 권력, 여타의 사회 권력을 부단히 감시하는 분위기 마련에 힘을 모아야 한다. 합리적 토론 문화와 불의에 항거하는 집단적 움직임이 시급히 요청되는 요즘이다. 동학 혁명과 3·1운동을 필두로 4·19와 5·18, 6월 항쟁, 촛불 항쟁으로 이어졌던 찬란한 민주화 투쟁의 정신을 현실에 맞게끔 창조적으로 해석하고 재적용할 필요가 있다. 최근 몇 년 동안 SNS를 중심으로 편협하고 공격적인 여론을 조성한 몇몇 선전 선동가들에 의해 건전한 민주화 정신이 왜곡·훼손되긴 했으나 상기한 민주화 정신은 우리의 역사와 민중의 마음속에 면면히 계승되고 있다. 바람보다 먼저 누웠다가도 바람보다 먼저 일어나는 게 민중이라면 예측 불허의 의기^{義氣}는 부지불식간에 찬란한 횃불로 재점화될 것임을 믿어 의심치 않는다. 역사적 경험을 통해 길어 낸 희망만이 허위 선동가와 대중 영합주의자들의 준동을 막을 수 있다.

니체의 아모르파티와 약자들의 팬덤 정치

 기성의 도덕·종교적 관념을 신랄히 비판하며 인간의 삶의 의지를 강조하는 사상을 전개했던 니체$^{\text{Friedrich Nietzsche}}$는 서양 현대 철학의 비조로 알려져 있다. 그는 심리학적 기법으로 자신은 물론 선배 철학자들의 삶과 학술적 성과를 분석·논평하는 데도 일가견이 있었다. 인간의 이성에 찬사를 보내기보다는 비합리성과 감성이 생의 역동성을 추동하는 요인이라 판단한 니체의 철학은 무의식적 욕망의 근원을 파헤치려 했던 프로이트$^{\text{Sigmund Freud}}$의 정신 분석학을 예비했다. 계보학적이고 해체적인 성향이 다분했던 니체의 사상은 포스트모더니즘으로 대변되는 현대 사상의 형성에도 큰 영향을 끼친 것으로 평가된다.

 매사에 전복적인 성향을 강하게 드러냈던 니체는 "크나큰 질병은 정신의 궁극적 해방자"라고 하면서 고통과 질병을 찬양했다. 상상력을 자극하고 건강한 이가 갖지 못하는 삶의 깊이를 선사하기 때문에 고통과 질병이 축복이라는 것이었다. 그에 따르면 지적으로 가장 생산적인 순간은 최악의 고통을 겪는 순간과 일치한다.

 『즐거운 지식』에서 니체는 신의 죽음을 선언한다. 그는 도덕이라는 질병에서 벗어나기 위해서는 창의력과 권력에의 의지$^{\text{Wille zur Macht}}$를 체현하는 불세출의 천재 위버멘시^{Übermensch}가 출현해야 함을 역설했다. 니체는 기성 도덕과 종교적 형이상학이 타파된 이후 들어설 정치 체제를 명확히 제시한 바 없다. 그는 위버멘시로 대변되는 예술가 지배의 세상을 꿈꿨던 것으로 보인다. 좀 더 구체적으로는 디오니소스적 열정과 아폴론적 이성이 적절히 융합되어 미학적 균형을 갖춘 권력 체제를 상정했을 것으로 보인다. 위버멘시를 자기를 극복한 새로운 자아로 규정한다면 감성의 무제한적 표출보다는 이성과 조화를 이루는 균형적 미학이 새로운 정치 체제의 주된 이념이었을 것으로 추정된다.

위버멘시를 앞세운 니체의 문화적 영웅주의는 서민 대중의 정치적 의지를 대변하는 근대 민주주의 체제를 용인하지 않았다. 독자성과 창의성을 결여한 서민 대중의 평범한 심성을 비난하고 고귀한 영혼과 뛰어난 역량의 소유자인 영웅의 출현을 갈구했던 니체의 사상은 히틀러가 주도한 나치 체제와 친연성이 있는 것으로 여겨졌다. 여기에는 반유대주의자이자 열렬한 나치 추종자였던 니체의 여동생 엘리자베스$^{\text{Elisabeth Förster-Nietzsche}}$의 활약이 절대적이었다. 엘리자베스는 니체의 사상을 나치즘과 연결시키는 데 골몰했다. 그러나 개인주의와 엘리트주의를 지지했던 니체가 나치즘과 같은 집단주의를 신봉했을 리는 만무하다. 생전에 독일인을 비굴한 민족으로 규정한 데다 동생 엘리자베스의 반유대주의도 경멸했던 니체가 반유대주의의 화신이었던 나치 정권의 정견에 합치하는 이념의 소유자였을 리는 더욱 없다. 문화적 귀족주의를 찬양했던 니체가 대중 선동의 나치식 포퓰리즘을 지지했을 확률 또한 낮다.

니체는 신은 죽었고 기독교 신앙은 신뢰할 수 없는 허구이자 환상일 뿐이라고 주장했다. 신의 죽음은 감각 세계를 불변의 영원 세계에 비해 열등한 것으로 간주한 형이상학적 이분법에 일격을 가한 폭탄선언이었다. 그는 수 세기가 걸리겠지만 전통적 가치가 구속력을 상실하면 심연을 알 수 없는 허무주의가 유럽 사회를 덮칠 것이라고 전망했다. 인류가 동물적 야만 상태로 전락할지, 허무주의를 성공적으로 극복할지는 기성의 도덕관념에 구애받지 않고 생의 의지가 순수하게 구현되는지에 달려 있었다.

니체가 보기에 도덕은 인간의 두려움과 희망의 감정을 이용하는 교묘한 관념에 불과했다. 그것은 기독교에서 지옥과 천국의 형태로 구체화된 교리로 나타났으며 현세에서 힘없는 서민 대중으로 존재하는 약자들의 도덕을 구성했다. 기독교와 같은 약자의 도덕은 힘과 탁월한 역량을 중심으로 한 주인의 도덕이 아니라 동정과 겸손, 인정을 중심으로 한 노예의 도덕으로 굳어진 것이었다.

　스페인 출신의 철학자 오르테가 이 가세트$^{José\ Ortega\ y\ Gasset}$는 대중을 자신의 특수한 가치를 인정하지 않고 자신과 다른 사람들을 동일시하는 데서 기쁨을 느끼는 사람들이라 규정했다. 독자적이고 역동적이며 생의 의지를 적극적으로 발휘하여 일반적이고 평균적인 일상을 초월하라 권고했던 니체에게 자본주의적 소비 사회의 무기력한 일원으로 살아가는 서민 대중의 정체성만큼 역겨운 것은 없었을 것이다.

　고결한 문화적 귀족주의를 추구한 니체의 철학은 엘리트주의의 편협함에 머물지 않았다. 도발적인 어조로 신의 죽음을 선언한 니체의 관점에서 사회의 다수를 점하는 서민 대중의 도덕적 감성은 약자의 위선적 심성에서 빚어진 망상이었을 뿐이다. 공안 당국과 정보기관의 조작으로 좌경 용공 분자로 몰리고 보수 언론의 마녀사냥식 보도로 주요한 정치인이 자살로 생을 마감하는 사례를 들먹이면서 사생결단의 자세로 진영 논리를 확대 재생산 하는 일부 정치인들의 행태는 니체가 지적한 약자의 도덕 철학과 겹친다. 온-오프라인을 막론하고 폐쇄적 집단을 형성하여 획일적이고 공격적인 성향을 표출하는 세력은 겉보기와 달리 강자가 아니라 약자에 불과하다. 니체에 따르면 르상티망^{ressentiment}, 즉 상대 진영에 대한 원한의 감정을 앞세워 잔인한 공격을 일삼는 자들은 노예의 반란을 추동함으로써 고결한 귀족 영웅들의 자기 증오심을 부추기고 생의 강렬한 욕망과 열정을 거세하여 사회 전체를 무기력하게 만든다.

　니체에 따르면 약자는 자신의 나약한 자기중심주의를 은폐하고 강자에 대한 질투로 강자를 이기주의자 내지는 사회의 공적으로 몰아간다. 약자는 특출한 능력이 없는 무기력자이기 때문에 단순하면서도 비현실적인 우월감을 선전하는 강자의 지배에 예속되기 쉽다. 아리아인의 우수성과 유대인의 열등함을 세뇌했던 히틀러에게 독일의 일반 서민들이 열광했던 이유이다. 천문학적 수준의 전쟁 배상금과 경제 공황의 여파로 최악의 무기력 상태에 처해 있던 다수의 독일인들에게 히틀러는 상기한 우월 의식을 주입함으로써 역사상 가장 특별하고도 강력한 강자로 군림할 수 있었다. 히틀러는 대중의 정보 수용 능력은 지극히 제한적이고 이해력은 낮을 뿐더러 망각 또한 잘해서 가장 이해하기 쉬우면서도 강렬한 슬로건에 집중하게끔 선전술을 전개해야 한다고 역설했다. 약자들은 권력의 변화와 향배에 민감하다. 통치자나 지배자가 바뀌면 이들이 아첨하고 머리를 조아리는 대상도 금세 바뀐다. 니체가 약자들의 행태를 노예에 빗댄 이유는 바로 이 때문이다.

　니체는 『권력에의 의지』에서 강한 자를 우연이나 무의미를 용서하고 불운을 두려워하지 않는 자로 규정했다. 극우 성향의 시위대와 보수 언론, 검찰 권력을 탓하며 이들의 부조리한 행태를 지적한다고 해서 정계의 승자가 되지는 않는다. 진정한 승자는 분노와 질투, 갈등을 조장하지 않고 자체의 역량을 유권자들에게 검증받음으로써 회심의 미소를 짓는다. 진영 논리에 사로잡혀 상대편을 비난하고 악마화화는 것은 약자의 논리다.

　니체가 이야기하는 약자는 변전과 생성을 거듭하는 세상사의 승자가 될 수 없다. 자신의 운명을 있는 그대로 사랑하는 자만이 생의 주인이 될 자격이 있다. 제 운명을 사랑하는 자는 상대방의 허물을 들추어서 공박하기보다는 자신을 철저하게 돌본다. 삶을 역동적 생성으로 이끌어 가는 자는 자신을 부단히 가꾸는 자이다. 그것은 무지와 결함에 대한 인식과 부단한 성찰, 각고의 의지와 용기 있는 실천을 통해 실현될 수 있을 것이다. 역설적으로 여기서 소크라테스와 니체가 상봉하고 고대와 현대는 화합한다. 스스로의 역량을 극대화하는 생성의 정치가 상생의 정치를 가능케 한다. 깨어 있는 시민이 할 일은 맹목적인 자기 진영 편들기와 상대편 비난하기가 아니다. 차이에 대한 긍정과 타자에 대한 배려를 실천하는 자기 돌봄과 생성의 삶이다.

한나 아렌트의 정치 철학과 공적 영역의 식민지화

20세기의 대표적인 정치 철학자로 평가되는 한나 아렌트[Hannah Arendt]는 사적 영역[Private Sphere]과 공적 영역[Public Sphere]을 엄밀히 구분하면서 경제적 이익 추구 활동과 구별되는 공적인 정치 활동의 회복을 그 누구보다도 갈구했다. 그녀는 인간의 활동 영역 중 생존을 위한 노동과 생활 여건 개선을 위한 작업과 달리 공공의 현안을 주로 다루는 정치적 행위를 유독 강조했다. 아렌트는 경제 부문과 거의 동일시되는 사적 영역이 공적 영역을 잠식하고 자본주의 발전의 가속화로 원자화되고 파편화된 개인이 양산되는 대중 소비 사회의 출현을 파시즘과 나치즘과 같은 전체주의 발현의 배경으로 판단했다. 아렌트의 정치 철학은 독자적 정치의식을 갖춘 자율적이고 평등한 시민들이 공론장에서 공공의 정치 현안을 활발하게 토론하는 사회를 지향한 것으로 요약된다. 확장된 공적 영역의 회복과 계몽된 시민들의 활발한 정치 참여를 희구했던 아렌트는 고대 그리스의 심의형 직접 민주정을 입론의 논거로 삼고 있다는 평가가 지배적이었다. 이에 따라 자본주의의 전 지구적 확산과 현대 사회의 복합적 특질로 인해 아렌트의 정치 철학은 비현실성과 이상주의적 성향이 강하다는 지적도 적지 않았다. 그러나 정치적 가치관의 양극화와 사적 이익 추구의 경향이 만연한 한국 정치의 현실을 고려하면 공론장에서의 활발한 토론을 중심으로 하는 정치의 회복과 확장이 시급히 요청된다. 진영 논리에 따른 극심한 정치적 대립은 정치의 과잉이라기보다는 정치의 부재와 실종을 방증하는 사례라 해도 과언이 아니기 때문이다.

아렌트는 정치 권력 획득이 아니라 공적 현안을 중심으로 한 논쟁과 토론에서 정치의 본질을 찾으려 했다. 이것은 고대 그리스인들이 행위나 실천을 지칭할 때 사용하던 프락시스[praxis]라는 용어에 상응한다. 그녀는 정치적으로 사지가 묶여 무력했던 이들이 공적인 차원에서 자신의 개성을 당당히 표출하는 것을 정치적 행위로 간주했다. 1776년의 미국 혁명과 1871년의 파리코뮌, 1960년대 미국의 반전 민권 운동과 1968년 파리 학생 봉기는 이와 관련된 대표적인 역사적 사례라 할 수 있다. 한국의 경우 4·19 혁명과 5·18 광주 민주 항쟁, 1987년 6월 항쟁, 그리고 몇 년 전 있었던 박근혜 퇴진 촛불 항쟁이 이에 해당한다고 할 수 있다. 아렌트는 정치적 자유를 획득하기 위한 공론장을 형성하고 구성원들이 자발적으로 조직을 형성하는 게 정치적 행위의 구체적 양태라고 보았다. 그녀는 이를 비타 악티바$^{Vita\ Activa}$, 즉 활동적 삶이라 명명했다.

아렌트는 1958년 저작인 『인간의 조건$^{The\ Human\ Condition}$』에서 인간의 활동 형식을 노동^{Labour}, 작업^{Work}, 활동^{Action}으로 명확히 구분했다. 노동은 생존에 필요한 음식과 생활필수품을 획득하는 데 따르는 수고로움으로, 집안 살림^{家事}을 뜻하는 오이코스^{Oikos}의 영역에 속하는 것이다. 작업은 창조적 조작을 통해 자신과 주변 환경을 변화시키는 것을 뜻한다. 공작인^{工作人}을 뜻하는 호모 파베르$^{Homo\ Faber}$가 작업과 가까운 인간 활동의 유형이다. 아렌트에 따르면 현대는 노동과 작업이 활동의 구체적 양태인 정치적 삶을 식민화한 시대이다.

아렌트에 따르면 개인의 생존과 생활 환경을 개선하는 것과 관련된 노동과 작업은 사적인 영역에서 이루어지고 활동으로 표현되는 정치적 행위는 공적 영역에서 일어난다. 고대 그리스인들은 공공의 이익에 헌신하는 시민을 폴리테스^{polites}로, 개인의 사적인 사안에만 관심이 있는 사람을 이디오테스^{idiotes}, 즉 멍청이로 불렀다. 이런 관점에서 전적으로 사적인 삶을 살아간다는 것은 핵심적인 것을 상실한 채 사는 인생과 다름없다. 이는 정치적 행위가 이루어지는 영역의 외부에서는 인간다운 삶이 불가능하다는 것을 의미한다. 거칠게 표현하자면 공론장에 나아가 정치적 의사를 표출하고 타인들과 더불어 공공의 사안을 논의하지 않는 이들은 인간이 아닌 동물에 불과하다는 것이다.

아렌트는 소속 집단 부재의 배제적 소수자를 파리아^{pariah}로 불렀다. 주류 집단에서 배제된 것은 물론 자신이 태생적으로 속해 있는 사회 내 소수 집단에도 소속감을 느끼지는 못하는 부류의 사람이 파리아이다. 아렌트나 프란츠 카프카$^{Franz\ Kafka}$처럼 유럽 사회 내의 대표적 소외 집단인 유대인이었으면서도 스스로는 유대적 정체성에 집착하지 않았던 이들이 파리아로 지칭된다. 파리아의 수가 증가하는 사회는 전체주의와 부족주의, 패거리 문화, 연고주의 등이 판치는 곳으로 변할 확률이 높다. 자기 집단의 결속력을 강화하고 상대 집단을 절멸시키려는 폐쇄적 집단 문화가 파리아를 양산한다. 소외되고 억눌리다 못해 진영 논리의 폐해를 피해 자발적 고립의 상태를 선택하는 사람이 늘어날수록 민주적 공론장의 영역은 그만큼 축소된다. 팬덤 정치를 주도하는 586 운동권 출신 정치인들과 선전 선동과 여론 갈라치기를 일삼는 언론인, 그리고 왜곡된 여론에 부화뇌동하는 시민들이 증가할수록 이러한 현상은 더욱 강화된다. 사이버 공간에서 벌어지는 과격한 여론전과 인신공격적 표현마저 '민주주의의 양념'이라고 하기엔 사태가 너무 심각하다.

아렌트는 부와 일상의 평온에 집착하는 행태를 근대적 삶의 특성으로 규정했다. 자본주의 체제 하의 근대인의 삶은 노동과 작업에 치중할 뿐 진정한 활동으로 평가할 수 있는 행위를 적게 한다. 마르크스는 노동을 인간성의 표현으로 규정했지만, 고대 그리스인들에게 노동은 인간 활동의 가장 열등한 형태였을 뿐이다. 아렌트적 관점에서 정부의 존립 근거를 인민의 재산 보호에서 찾았던 로크의 논의는 정치사상의 범주에 속하기 힘든 것이었다. 그녀는 부와 빈곤과 같은 경제적 문제가 정치적 현안의 중심으로 인식되는 현실을 개탄했다.

공적 영역이 확장되고 정치적 행위가 활성화되기 위해서는 언론의 자유가 최대한 보장되는 바탕 위에서 시민들의 비판적 사고의 분위기가 사회 내에 뿌리 깊게 정착되어야 한다. 사상과 표현의 자유가 전제된 가운데 자신의 생각을 자유롭게 펼치고 개방적인 시험대에 기꺼이 내맡길 수 있는 분위기가 마련되어야 한다. 공론장에서는 정치적 담론이 활발히 전개되어야 하는데, 그러기 위해서는 공공성과 다원성이 충분히 확보되어야 한다. 공공성과 다원성이 부족한 곳에서는 경쟁 집단 간의 배타적 혐오나 적대적 대립이 극심한 양상을 띠며 나타난다. 또한, 자유롭고 독립적으로 사유하는 사심 없는 관찰자가 공평한 여론을 형성하고 올바른 정치의 토대를 구성할 수 있게끔 해야 한다. 과거 운동권 시절의 투쟁 방식을 버리지 못한 일부 86세대 정치인들의 자폐적 행태가 반복되고 이를 옹호하는 언론인과 시민들이 여론을 주도하는 한 아렌트가 이야기한 정치의 회복을 기대하기는 힘들다.

칸트는 『실용적 관점에서의 인간학$^{\text{Anthropologie in pragmatischer Hinsicht}}$』에서 "정신 이상의 유일한 일반적 징후는 공통 감각$^{\text{Sensus Communis}}$의 상실과 그것을 대체하는 논리적 자기 고집$^{\text{Sensus Privatus}}$"이라고 했다. 개인의 정치적 성향은 주관적이고 자의적인 속성을 갖는다. 그러나 주관성과 자의성은 개인의 독자적인 취향과 가치관을 드러냄으로써 개별자의 고유성을 명확히 한다. 개인 간의 차이를 적극적으로 인정하는 바탕 위에서만 상호 간의 의사소통이 가능해지고 공통 감각에 이르는 길 또한 수월하게 열린다. 공감에 따른 상호 간의 타협과 합의는 독립적이고 개성 넘치는 개별적 정치 성향을 인정하는 전제하에서만 가능하다. 상황에 대한 종합적 인식과 타자에 대한 배려와 이해심을 동반한 창조적 상상과 반성 능력을 적극적으로 발휘한다면 독자성에 입각한 정치적 성향의 주관성은 충분히 극복될 수 있다. 각자의 고유성은 역설적으로 공통 감각 형성의 전제가 된다.

아렌트는 억압된 상태에서의 해방을 자유라고 생각하지 않았다. 그녀는 공공의 문제 해결에 참여하는 적극적 자유가 발현함으로써 새로운 정치 질서가 구축되기를 추구했다. 근대 시민 혁명에 주목함으로써 자유의 실현과 민주공화국과 같은 새로운 정치 질서의 모색을 꾀했던 아렌트는 미국 독립 혁명과 프랑스 혁명을 비교·평가했다. 아렌트는 프랑스 혁명은 빈곤의 문제를 해결하려는 사회 혁명으로 변질된 결과 자유를 목표로 했던 정치 혁명 본연의 성격을 상실했다고 주장했다. 이에 비해 미국 혁명은 빈곤이라는 사회적 문제에 집착하지 않은 까닭에 공화주의적 연방제 건설이라는 정치 혁명을 성공적으로 달성했다고 평가했다.

아렌트에 의하면 프랑스 혁명은 루소의 일반 의지$^{\text{volonté générale}}$ 개념에 입각한 만장일치 형식의 여론을 인민의 정치 의지와 동일시했다. 이에 비해 미국 혁명에서 인민의 정치적 의지는 단일성보다는 다양성과 다원성을 특질로 했다. 아렌트가 보기에 통일된 여론은 사회 구성원 각자의 다성적인 의견을 절멸시킨다. 절대 왕정이 사라진 곳에 하나이면서도 나누어지지 않는 국민을 새로운 주권의 담지자로 설정한 프랑스 혁명은 시작부터 자유의 전제정으로 귀결될 속성을 배태하고 있었다는 것이 아렌트의 입장이었다.

아렌트가 언급한 자유의 구성$^{\text{Constitutio Libertatis}}$은 자유롭고 평등한 인민들이 공적 현안에 관심을 기울이는 민주 공화정의 정치적 장을 마련하려는 노력을 가리킨다. 아렌트는 『혁명론』에서 "혁명의 목적은 자유의 확립이고, 반란의 목적은 해방이다."라고 했다. 아렌트에게 자유란 공적인 형식을 통해서만 존재할 수 있는 것이었다. 공적인 자유는 인민의 활발한 정치 참여를 통해 보장된다.

아렌트는 『정치의 약속』이라는 저작에서 가족주의를 정면으로 비판했다. 가족주의는 정치의 근본적인 도착$^{\text{the fundamental perversion of politics}}$으로 이루어져 복수성이라는 인간성의 근본 특성을 파괴하기 때문이라는 것이다. 다원성과 복수성이 파괴되고 특정한 진영이 표방하는 획일적이고 폐쇄적인 논리를 확대 재생산 하는 한국 정치의 현실을 상기하면 부끄러우면서도 숙연해진다. 앞서 충분히 지적했으므로 비판의 대상을 따로 열거하지는 않겠다.

아렌트는 "시작이 있기 위해 인간이 창조되었다."라는 아우구스티누스의 말을 인용하면서 정치적 시작과 인간의 자유를 동일시했다. 나치 체제가 부활한다고 해도 개인이 독자적으로 사유하고 자율적으로 행위하며 사회의 다원성과 복수성을 완전히 상실하지만 않는다면 언제나 새로운 삶을 시작할 수 있는 희망을 품을 수 있다. 공론의 영역에서 말과 행위로서 자신과 동등한 타자와 자유롭게 교류하고 경쟁하며 협의할 수 있다면 개인의 자유와 탁월성이 보장된다. 공론장에서 개인의 개성과 정체성을 마음껏 뽐낼 수 있을 때 온전한 민주 공화정이라는 새로운 정치적 삶의 지평이 열린다.

아렌트는 자율적이고 창의적인 복수의 정치적 행위자 앞에 나타나는 공간을 세계로 규정했다. 세계는 다양한 취향과 정치적 견해를 갖는 사회 구성원들을 공동의 관계성을 매개로 결합시킨다. 세계는 구성원들이 관심을 가질 공동의 것이 존재할 때 활짝 열린다. 조직 보위와 이권 수호로 점철된 폐쇄적 집단 논리는 공적 영역의 핵심인 정치적 공간을 식민화한다. 정치의 실종을 막고 공화 민주주의의 본질을 회복하는 길은 팬덤 정치의 볼모인 왜곡된 여론을 불편부당한 공론으로 변환시키는 것이다. 머리가 깨질 때까지 피 터지게 싸우면서도 특정 정치인에 대한 지지를 거두지 않는 것을 민주주의 수호 행위로 평가할 수는 없다. 민주주의는 맹목적이지 않은 명분 있고 세련된 열정과 합리적 이성을 통해 확보될 수 있기 때문이다.

김남주와 참된 혁명의 정치

안치환의 노래로도 유명한 김남주 시인의 「자유」라는 시의 앞 구절을 인용해 본다. '만인을 위해 내가 일할 때 나는 자유이다/땀 흘려 힘껏 일하지 않고서야/어찌 나는 자유이다라고 말할 수 있으랴'(김남주, 「자유」 중에서)

노동을 통해 생계를 이어 가기 위한 목적이 아니라 노동 현장에 들어가서 노동자들을 의식화하기 위한 위장 취업 말고 86세대 운동권 출신 정치인들이 피땀 흘려 일한 돈으로 생활해 본 일이 있을까? 김남주는 겉으로만 자유를 외칠 뿐 속으로는 자신들의 이익만 챙기려 하는 사람들에게 죽비를 내리친다. 자신까지 속여 가며 표리부동의 자세로 일관하는 이의 입에서 혁명이니 통일이니 하는 단어가 나온다는 것은 어불성설이라는 것이다.

86세대에 속하는 적지 않은 수의 직업 정치인들은 레닌의 『무엇을 할 것인가』에서 강조한 엘리트 혁명가들에 의한 전위당 건설과 이를 통한 체제 전복적 혁명을 꿈꿨던 것으로 보인다. 이들은 자신들을 전위당의 엘리트 혁명가들과 동일시했는가? 반외세·반봉건의 기치를 내걸고 식민지 파쇼 체제를 격격하는 전사로 살다가 위대한 혁명의 제단 앞에서 장렬히 스러지려 했는가? 10년도 지속되지 못한 이들의 투쟁과 주관적 진리 관념에 기초한 유토피아적 발상은 엘리트적 특권 의식의 강화와 정치적 타이틀만 노리는 비천한 세속주의로 귀결되었다. 자신을 속이고서 민중의 삶과 괴리된 권력 추구 집단의 일원으로 변질되고 말았던 것이다. 진정 자유와 해방, 민족, 통일을 논할 자격이 있는 자들인지가 의심스러울 따름이다.

김남주는 개인의 영달이 아니라 착취와 억압이 있는 곳을 인간적인 의

무가 필요한 장소라 역설했다. 그러나 86세대는 김남주가 거처하고자 했던 곳에 잠시 머무르려는 제스처만 취했을 뿐이다. 그곳을 눈으로 빼꼼히 들여다보다가 금세 꽁무니를 빼 버렸다. 세월호 유가족과 김용균 씨와 같이 산업 재해로 목숨을 잃는 젊은이들을 눈앞에 두고 이들은 시늉만 했을 뿐 제대로 된 법률 하나 입법화하지 못했다. 설령 법률이 제정되었다 해도 문제 해결에는 턱없이 못 미치는 누더기 법률인 경우가 많았다. 현장에 얼굴 들이밀고 유족들과 사진 찍으며 말로만 죽음을 잊지 않겠다고 해 봐야 무슨 소용인가?

도나 해러웨이Donna Haraway의 「사이보그 선언」은 1960년대의 반문화counter-culture 운동이 추구한 인간 소외와 소비 물질주의에 대한 비판을 뒤엎는다. 그녀가 말하는 사이보그는 인간도, 기계도, 남성도, 여성도 아니다. 인간과 기계, 남성과 여성 사이의 구분은 무너지며, 주체 중심의 형이상학이 설정한 문명의 경계선은 붕괴된다. 모든 단단한 것들을 녹여 버리는 자본주의적 기술 문명의 급속한 발전은 역설적으로 가장 진보적인 혁명 담론의 근간으로 자리 잡는다. 그 결과 소외와 착취의 모순을 체화하고 있다는 이유로 개혁과 혁명의 주체로 상정되었던 노동자와 여성, 피압박 민족의 정체성마저 의미성을 상실해 가고 있다. 역사를 선도한다고 간주되던 해방의 주체는 탈경계적 유목을 일삼는 사이보그의 등장으로 서서히 자취를 감추고 있다.

해러웨이의 사이보그 선언은 페미니즘이 목표로 설정했던 해방된 여성의 집단적 동일성이 기계와 컴퓨터 제어 시스템의 괄목할 만한 발전 과정에서 용해되어 버린 역사적 현실을 반영한다. 변화한 현실에서 자본주의적 착취와 신냉전 질서의 질곡에서 해방되어야 할 주체로 설정되었던 기층 민중의 정체성 또한 거의 비슷한 운명의 경로를 따르고 있다. 총체적이고 자기동일적인 혁명 담론은 내부에 지배와 폭력의 속성을 지니고 있다는 인식이 확산되고 있다. 이제 그 누구도 혁명의 주체를 자임하거나 개혁 담론을 독점한다고 자부할 수 없는 상황이 도래했다. 고전적 혁명 이론에 기대 세상을 바라보는 이들은 신성 모독적 분위기가 급속도로 번지고 있다고 여길 것이다. 하지만 동지로 여겼던 기층 민중들의 지지를 획득하지 못한 혁명이론은 고립의 길을 걸을 수밖에 없다.

슬로베니아 출신의 좌파 철학자 슬라보이 지젝Slavoj Žižek은 『혁명이 다가온다』에서 다음과 같이 썼다. "레닌을 반복하는 것은 레닌으로 돌아가는 것을 의미하지 않는다. 레닌이 실패했다는 것, 그러나 그 안에 여전히 유토피아적 불꽃이 남아 있다는 것을 받아들이는 것이다. 그가 실패한 것, 그가 잃어버린 기회들을 반복하는 것이다." 지젝의 말은 역량을 강화해 실패한 혁명을 완수하자는 것이 아니다. 고귀한 혁명의 열정을 간직한 채 변화한 현실에 상응하는 전략으로 새로운 혁명을 과감히 추진해 나가자는 뜻이다.

전 세계적으로 확장된 자본주의 체제하에서 혁명을 주장하는 거대 담론은 시효를 다한 듯 보인다. 김남주는 시인과 혁명가의 정체성을 동일시했다. 혁명의 열정이 잦아드는 요즘은 역설적이게도 김남주의 피맺힌 절규와 한탄이 환청이 되어 가슴에 자주 사무친다. 86세대 정치인들 중에는 친서민, 대외 자주, 친환경이라는 프로파간다를 진보적 정치 담론으로 포장한 채 궁극적으로는 자기 이익 추구에만 혈안이 된 자들이 적지 않다. 차라리 독재의 망령이 되살아난다면 이들의 위선도 조금의 설득력을 지닐 수 있을 것이다. 그러나 이들이 자주 소환하는 빛나는 혁명의 언어는 진정성과 열정이 거세되어 반대파를 비난하는 선전 문구로 전락한 지 오래다.

당신들은 김남주가 실패한 자리에서 혁명의 불꽃을 되살려 그가 잃어버린 기회들을 되살릴 용기가 없는가? 김남주의 표현을 빌려 보자. 그곳이 어디건 범죄의 소굴이건 아비규환의 생지옥이건 상관 않고 돈이 많이 쌓인 곳에 가서 무리 지어 웅성거리며 사는 인간은, 그곳이 시궁창이건 오물을 뒤집어쓴 두엄더미건 상관 않고 똥이 많이 쌓인 곳에 가서 떼 지어 붕붕거리며 사는 똥파리와 다를 바 없다. 청송녹죽^{靑松綠竹} 가슴으로 꽂히는 죽창이 되어 혁명 전사로 살아가는 것은 바라지도 않는다. 변화한 시대에 지사적 면모를 겸비한 혁명 전사는 어울리지 않기 때문이다. 마지막으로 묻는다. 그렇다면 당신들은 더러운 똥파리처럼 살겠는가, 아니면 강물 위에 파문 하나 자그맣게 내고 이내 가라앉고 말 돌멩이처럼 살겠는가?

좌파와 우파

정치적 좌파와 우파의 개념은 프랑스 혁명에서 유래한다. 1789년 6월 17일, 제헌 의회 첫 번째 모임에서 의장의 오른쪽에 착석한 사람들은 주로 귀족과 성직자 등 특권 수호자들이었던 반면, 왼쪽^{côté gauche=coin du palais-Royal: 팔레 루아얄} 쪽에 앉은 사람들은 친민중적 인사들이 다수였다. 당시 고빌^{Gauville} 남작이 반대 진영에서 들려오는 고함과 추잡한 언행을 피하기 위해 의장 오른쪽에 자리 잡았다고 한 데서 드러나듯, 당시 우파 정치인들은 의사 진행 발언의 편의가 보장되는 자리를 선점한 것으로 여겨진다. 당시 온건 계몽주의자들은 의사당의 가운데 자리를 차지했다. 의장의 오른편에 착석한 사람들은 가톨릭과 같은 전통 종교 신앙을 지향하는 사람들이 많았으며 우파로 분류되었다. 의장석 왼편에 앉은 사람들은 인간의 이성을 지지하는 급진 계몽주의 성향의 사람들이 다수를 이루었는데, 이들은 좌파로 분류되었다. 이를 통해 우파는 기존의 종교와 관습, 체제를 보존·유지하려는 정치 세력을 지칭하고 좌파는 인간의 이성과 합리성에 바탕을 두고 사회의 진보를 추구하는 정치 집단이라고 정리할 수 있다.

우리 사회는 정치 과잉이라는 말이 적절할 정도로 정치적 입장에 따라 사람들 간의 관계가 좌우되는 경우가 많다. 특정 사회 현안에 대해 견해를 달리하는 것은 정상적인 민주 사회의 일면일 수 있다. 그러나 서로 다른 정치적 입장을 가진 사람들이 두 진영으로 나뉘어 사생결단의 갈등과 투쟁을 일삼는 것은 사회 혼란을 극대화하여 정상적인 민주주의의 발전을 가로막는다.

분단 체제가 산출한 협소한 반공주의의 태내에서 파생된 한국의 정당 정치는 명확한 이념적 구분에 따라 좌·우파의 정치 지형을 형성하지 않았다. 비타협적 민족주의에 입각하여 국외에서 임시 정부를 중심으로 대일 독립 투쟁을 이끌었던 김구 계열의 정치 세력이 우파 진영의 다수를 점유하지 못했다. 2차 대전 이후 미소 냉전의 시험장이었던 한반도에서는 김구 계열의 민족주의 세력이 이승만이 이끄는 숭미^{崇美} 반공주의 세력에게 우파 진영의 주도권을 탈취당하는 형국이 조성되었다. 친일 지주층 중심의 한국 민주당은 이승만 독재 체제의 주변 정치 세력으로 전락하면서부터 자연히 야당으로 밀려나고 이후 반독재 민주화 투쟁을 거치며 좌파 정치 세력의 중심으로 변모한다.

숭미 반공주의 세력을 군부 독재 권력과 동일시한 민주화 세력은 분단 체제 극복과 반독재 투쟁을 위한 방편으로 원래는 우파의 전유물인 민족주의를 이념적 기반으로 삼았다. 이 세력 내에는 소련이나 중국식의 일국 사회주의나 북한식의 수령 독재 체제를 지향하는 부류도 있었으나, 대체적으로는 민족주의와 더불어 의회 민주주의와 일상적 민주주의의 실현을 고대하는 부류가 다수였다.

결국, 한국 사회에서 우파로 자처하는 정치 세력은 정치학 개론서에 나오는 정통 우파가 아니라 친 외세적 반공주의 세력으로 정리할 수 있다. 또한, 좌파로 분류되는 정치 세력은 기껏해야 민족적 자유주의자 정도로 규정할 수 있을 것이다. 각 나라의 역사적 경로나 정치적 풍토가 상이하여 미리 설정된 좌·우파의 정치 이념을 기계적으로 적용하기는 힘들겠지만, 우리 사회만큼 통설에 어긋나는 경우도 드물 것이다.

일반적으로 좌파는 인간의 이성과 개혁 의지를 적극적으로 발휘하여 기존 체제를 극복하려는 진보 세력을 통칭한다. 이에 비해 우파는 전통과 관습을 중시하며 기존 체제 내에서 점진적 개혁을 추구하는 보수적 성향의 정치 세력으로 인식된다. 좌파는 확장된 민주주의와 분배, 평등, 보편적 복지를, 우파는 대의 민주주의와 성장, 선별적 복지를 강조하는 경향이 강하다. 관점은 달라도 건전한 견제와 균형의 논리가 작동하여야 민주주의의 발전을 기대할 수 있다. 그러나 우리 사회는 분단 체제에 수반된 뿌리 깊은 냉전 반공주의의 영향으로 갈등과 투쟁의 논리가 조화와 균형의 논리를 압도했다. '종북 빨갱이'나 '수구 꼴통'과 같은 명칭은 상대 진영을 악마화하는 폭압적 정쟁의 소산이다.

근 50년에 가까운 반공 우파 주도의 정치 체제하에서 뿐만 아니라 김대중 정권의 등장을 기점으로 이루어진 '수평적인 정권 교체' 이후에도 사생결단의 투쟁 논리가 여전히 맹위를 떨치고 있다. 좌파와 우파는 진보와 보수의 가치로 대변되는 정치적 내용보다는 상대 진영과의 외형적 차이를 드러내는 '의미 없는 기호'로 전락한 느낌이다.

새로운 미디어 환경을 배경으로 극단적 편 가르기식의 여론 조성 분위기가 확산하면서 정치적 가치관의 양극화는 더욱 심화된 형태를 띠고 있다. 상대방과의 차이를 인정하는 바탕 위에서 상호 간의 대립과 갈등보다는 조화와 균형을 추구하는 풍토가 하루빨리 정착되어야 하리라 판단된다. 정견의 일관성을 유지하며 상대방을 대화와 협상의 소중한 파트너로 인정할 때만이 정상적인 정치 담론이 우리 사회에 정착되리라 본다.

'적과 동지'로 명확히 구분되는 현실 정치의 상황을 부정할 수는 없으나 적과 동지는 상호 대립적인 관계로만 묶여 있는 게 아니다. 각각의 존재성을 상호 반영하는 거울로 양자는 공존한다. 그것은 적대적 공존의 성격을 띠고 있다기보다는 서로의 존재성을 담보하는 필수적 대체물로 기능한다. 데리다$^{\text{Jacques Derrida}}$의 개념을 빌리자면 좌파와 우파는 대리적 보충^{supplément}의 관계를 맺고 있다고 볼 수 있다. 보수만 극단을 경계하는 게 아니다. 극단은 환상이며 정치의 본령일 수는 없기 때문이다. 좌파와 우파 모두 극단에 함몰되지 않아야 민주주의의 본질에 접근할 수 있다.

뉴라이트 비판

1987년 6월 항쟁으로 헌법이 개정되고, 부활한 대통령 직선제에 의해 제6공화국이 출범하면서 한국 사회는 절차적 민주화의 단계로 진입한다. 2년 뒤 몰타 회담 Malta Summit 으로 냉전이 종식되고 1991년 소련이 붕괴하자 자본주의와 국가 사회주의를 중심으로 진행된 동서의 이데올로기적 대립 또한 막을 내렸다. 걸프 전쟁 Gulf War 을 통해 자유 시장 경제 체제를 중심으로 한 미국의 일극 체제 極體制 가 확고해지자 한국 사회 내의 이념적 지형에도 얼마간의 균열이 일었다. 반독재 민주화 투쟁에서 대항 담론의 구실을 하던 마르크스주의와 마오쩌둥주의, 김일성 주체사상 등은 소련과 동유럽 사회주의권의 붕괴라는 역사적 대사건에 직면해 변혁 이론의 설득력을 상당 부분 상실하였다. 거대 담론을 비판하고 인간의 개별성을 극단적으로 강조하는 포스트모던 담론이 세를 확장하면서 한국의 진보 좌파 진영은 이념적 공백 상태에서 쉽사리 헤어나지 못했다. 이들 중 일부는 시민 사회 운동에 투신했고 일부는 기성 정치권에 편입되었다. 이 중에서 교조적 마르크스주의와 김일성 주체사상과 같은 급진적 이념에 경도되어 있던 일부의 인사들이 기존의 사상을 버리고 뉴라이트 New Right 라 통칭 되는 새로운 유형의 보수 우파 세력을 형성하였다. 여기에는 이른바 86세대에 속하는 정치인들뿐만 아니라 과거 한때 마르크스주의적 관점에서 연구를 수행하던 전문 학술 집단의 인사들도 포함된다.

한국의 뉴라이트는 경제적 측면에서는 신자유주의를 지지하고 역사적 측면에서는 일제의 식민 사관을 옹호하며 사회 진화론의 관점에서 사회 변화와 발전의 추이를 파악하려는 입장을 공유한다. 이들은 2004년을 전후해 하나의 집단을 형성하기 시작해서 이명박과 박근혜 정부의 출범을 계기로 세력을 확장해 나갔다. 뉴라이트는 건국절 논란과 한국사 교과서 국정화 시도라는 굵직한 이슈를 통해 존재감을 과시했다. 이들은 진영 논리를 통해 양극화의 양상을 뚜렷이 하고 있는 현실 정치의 영역에도 직간접적으로 개입하면서 일상의 담론에 적지 않은 영향력을 행사하고 있다.

뉴라이트는 2000년대 중후반 등장한 신보수주의적 성향의 학술 연구 엘리트 집단을 일컫는다. 이들은 진보 좌파 진영의 득세에 맞서 시장 중심의 자유주의와 강경한 대북관을 중심으로 이승만과 박정희 대통령의 정치적 성과를 높이 평가했다. 이들은 2008년 출범한 이명박 정권기를 기점을 세력을 확장하였고 실용주의에 입각한 경제 성장 제일주의를 적극 지지했다. 뉴라이트는 일본 제국주의가 획책한 식민화의 의도가 착취가 아니라 일본에 대한 조선의 영구 병합에 있었다고 주장한다. 이들은 대한민국이라는 정치체政治體를 소중히 여겨 광복光復보다는 1948년 8월 15일의 대한민국 건국建國의 역사적 가치를 찬양한다. 그러나 그들이 존숭하는 조국은 자본주의를 시행하는 정치체제적 도구로서의 대한민국일 뿐이다. 이들은 민족보다 국가를 중시하지만 기실은 자본계급, 투기 세력의 일원으로 자신들이 속한 집단에만 소속감을 가지고 그 집단의 이익을 극대화하는 데만 혈안이 돼 있다. 친일파들은 해방정국에서 반탁 운동을 통해 극렬 반공주의자 내지는 숭미주의자崇美主義者로 변신하면서 남한 사회 우파 세력의 핵심을 이루었다. 민족보다는 국가를, 공동체보다는 개인 혹은 자신들과 뜻을 같이하는 패거리의 이익을 중시하는 이기주의적 가치관이 광복보다는 건국을 중시하는 입장으로 드러난 것이다.

일제가 주도한 식민지 경제는 '발전 없는 성장growth without development'이었다. 토지의 70% 이상을 대지주들이 소유하게 하고 저임금 정책을 취하면서 값싼 쌀이 일본으로 유입되게끔 했다. 대지주들은 주로 일본인이었다. 이들은 일본제 공산품을 수입했으나 조선 민중들은 구매력이 거의 없어 국내 공업 생산 향상에 기여하지 못했다. 1930년대 북한 지역에 신설된 공장에서 노동자들은 주로 하급 노임자로 존재했고 연관 산업은 미비했으며 재생산 구조도 갖추지 못했다. 이러한 제조 공장들은 모두 일제의 산업 구조 안에 편입되었다. 하지만 뉴라이트는 내선일체內鮮一體 정책이 일본 식민주의자들의 일관된 조선 근대화 의지를 보여주는 사례라 치켜세우고 있다.

뉴라이트는 근대 문명을 자본주의와 동일시하며 자본주의적 발전 논리와 무관한 요인들을 의도적으로 배제한다. 이들은 한국 사회의 정치 담론을 중층 결정하는 요인 중 하나인 민족주의마저 등한시한다. 미국식 자유시장주의를 맹신하고 미국이 주도하는 국제 질서를 적극 옹호하는 이들의 정치적 입장이 이승만을 숭상하고 '건국'을 과대 포장하는 것은 어찌 보면 당연한 일이라 할 수 있다. 뉴라이트 역사관의 현실적 지향점은 통미봉북通美封北의 전략에 있다고 해도 과언이 아니다.

일제가 주도한 파시즘적 제국주의 체제는 식민지 자본주의라는 하부 구조를 한반도에 정착시켰다. 일제 강점기는 이주 일본인과 상층 부일 세력이 식민지 자본주의의 실질적 경제 주체로 군림하고 있던 시기였다. 해당 기간 동안 통계에서 확인되는 경제 성장이 존재했다 해도 그것의 수혜층은 식민지 자본주의 체제에서 정치적 헤게모니를 장악하고 있던 상층의 소수 집단에게만 한정될 수밖에 없다. 헨리 조지Henry George의 말대로 자본주의 체제하에서는 가진 자들의 막대한 불로소득을 정당화하는 토지 사유화가 사회적 빈곤의 주된 원인이다. 결과적으로 일제 강점기의 경제 발전의 수준은 지극히 제한적이었고 제국의 하급 신민이었던 다수의 조선 민중들은 절대적 빈곤 상태에서 벗어나지 못했다.

하버드대 케네디 스쿨 교수 로버트 퍼트남Robert Putnam은 미국 사회에 상존하는 인적 네트워크를 볼링 클럽으로 상정하며 『혼자 볼링하기Bowling

Alone』라는 책을 저술했다. 그는 여기에서 본딩^{bonding}과 브리징^{bridging}을 구분했다. 본딩은 동일 집단 내의 유대감을, 브리징은 이질 집단 사이의 유대감을 의미한다. 퍼트남은 자본가나 노동자 집단과 같은 특정 집단의 이익을 위해 본딩을 강조하면서도 다른 집단과의 소통, 연계가 가능하다는 이론을 내세웠다.

특정 지역의 패권을 독점·강화했던 군부 독재 정권과 강부자, 고소영 내각으로 대변되는 이명박 정권, 측근 정치로 몰락한 박근혜 정권 할 것 없이 정치적 이해관계에 매몰된 나머지 브리징이라는 사회적 자본을 무시했다. 과거 민주화 운동 시절의 운동권 동지들 간의 인적 결속체가 시대와 상황의 변화와 무관하게 확대 재생산된 형태로 현실 정치계에 잔존하는 현실 또한 이와 무관하지 않아 씁쓸한 느낌만 자아낸다.

뉴라이트 세력과 맞닿아 있던 정치 세력은 정권의 운용 과정에서도 편협한 '코드 인사'를 남발하였다. '나와 경제적 지위가 비슷하고 가치관마저 유사한 사람'들끼리 형성한 저급한 패거리 문화가 이들의 정치 활동을 규정했다. 마치 아메바와 같은 단세포 생물들의 무성 생식처럼 이들이 획책하려던 권력의 자가 증식은 부정부패와 국정농단 사태로 정권이 교체될 때까지 지속되었다. 일종의 '조폭 집단'의 생리를 연상케 하는 이들의 패거리 문화는 반대편의 정치 진영으로까지 확산되어 그 폐해는 자못 심각한 수준에 이르렀다. 제로섬 게임과도 같은 승자 독식의 정치 풍토를 탓할 수도 있겠지만 개별 집단의 논리가 너무나 폐쇄적이고 강고한 데에 원인이 있을 것이다. 원래 교조주의란 자기 집단의 세력을 확대 재생산하기 위한 목적에서 여타 집단을 의도적으로 배제하는 논리적 성향을 지닌다.

한나 아렌트는 『전체주의의 기원』에서 전체주의 운동 조직을 "원자화되고 고립된 개인들의 대중 조직"으로 규정했다. 교조주의가 활성화되는 것은 이성적이고 합리적으로 사유할 수 있는 능력을 상실한 파편화된 개인들이 사회의 다수를 형성하기 때문이다. 이들은 특정의 엘리트 권력자들이 조성한 교조적 이데올로기에 함몰되어 권력 집단의 활동을 용인하고 지지한다. 교조주의는 해당 권력 집단이 내세우는 통치 이데올로기가 논리적 정합성이 떨어지거나 설득력이 미약할 때 강화된다.

공동체의 복리 증진이라는 목적은 안중에도 없고 권력 쟁취와 유지에만 혈안이 돼 있는 정치 집단에게 합리적인 정견과 정책을 기대하기는 힘들다. 역사 왜곡까지 일삼으며 의도적인 정치성을 드러내는 뉴라이트의 행태에서 전체주의적 성향이 감지되는 이유이다. 애석한 것은 이러한 경향이 이들의 반대편에 있는 자칭 '민주 진보' 진영에서도 감취 된다는 것이다. 뉴라이트 논쟁은 뉴라이트 자체의 논리를 공박하는 데서 끝나지 않는다. 뉴라이트와 같은 편협하고 폐쇄적인 이념이 우리 사회에서 공공연히 회자되는 현재의 담론 질서에 논의의 초점을 맞출 필요가 있다. 자유롭고 평등한 개인들이 합리적인 논쟁을 통해 공공선을 실현해 나가는 공론장이 활성화되어야 민주주의의 발전을 기대할 수 있을 것이다. 뉴라이트 논쟁은 민주적 담론 질서의 확립이라는 과제를 우리에게 남겼다.

한국 보수주의의 방향 정립을 위한 조언

한국 보수주의의 비극은 보수(保守)해야 할, 즉 현재적 관점에서 마땅히 계승할 가치가 있는 것으로 간주되는 긍정적 전통이 부재한 데서 기인한다. 한국 보수주의는 대체로 친미 반공의 이데올로기를 기반으로 개발 독재 체제하에서 양산된 국가 주도의 친재벌적 산업화를 보수의 대상으로 설정하고 있다. 풍류 문화에서 기원한 범우주적 차원의 평화 애호 사상과 대동 사회 건설을 명목으로 한 선비 문화의 전통은 온데간데없고 기회주의와 물질 만능주의가 대세로 자리 잡았다.

제헌 헌법 제84조에는 "대한민국의 경제 질서는 모든 국민에게 생활의 기본적 수요를 충족할 수 있게 하는 사회 정의의 실현과 균형 있는 국민 경제의 발전을 기함을 기본으로 삼는다."라고 서술되어 있다. 제18조 2항에는 "영리를 목적으로 하는 사기업에 있어서는 근로자는 법률에 정하는 바에 의하여 이익의 분배에 균점(均霑)할 권리가 있다."라고 밝히고 있다. 한국 민주당(약칭 한민당) 내 민족주의자이자 당시 정부의 기획처장을 맡고 있던 이순탁은 "헌법에는 자유 경제도 시인하고 계획 경제도 시인했는바, 남한의 경제 체제는 자유 경제 방향을 갈 수 없다는 것은 자명한 일이므로 계획성 있는 통제 경제로 봐야 할 것"이라고 주장했다. 독점 자본주의와 관료 엘리트 중심의 공산주의를 비판하고 소부르주아 계층의 활성화를 통해 국민 경제를 발전시키자는 경제 이론은 우파 민족 해방 운동의 논리와 중간파의 사회 이론으로부터 영향받은 바 컸다. 또한 일제 말에 자행된 징용·징발은 자본주의와 동일시되었고 충분한 상품 공급의 부재로 정상적인 시장 또한 부족한 상황은 반자본주의적 분위기를 일층 강화하는 배경으로 작용하였다. 빈부 차등 철폐, 문벌, 반상, 남녀 차별의 철폐, 지역 구별의 타파로 대표되는 일민주의(一民主義)

의 반자본주의적 성향 또한 이러한 사회적 분위기와 결코 무관하지 않다.

일민주의의 대표적 이데올로그^ideologues는 안호상安浩相과 양우정梁又正으로, 전자는 민족의 동일성과 통일성을, 후자는 정신적 일치 원리와 물질적 공동 원리를 강조하였다. 일민주의자들은 민주주의를 개인주의와 자본주의와 동일시했다. 이들은 도의道義, 윤리倫理 등을 강조함으로써 반자본주의적 성향을 노골화했다. 실제로 안호상은 독점 자본주의, 독재 공산주의가 금전을 숭배하는 동질적 성격을 지니고 있다고 역설했다. 서중석은 이승만 집권 초기의 일민주의를 극우 반공주의, '한국형 파시즘'으로 규정했다. 이승만은 대한 독립 촉성 국민회(1948년 12월 26일 국민회로 개칭), 대한 노총, 대한 농총, 학도 호국단의 수장으로 있었고 대한 부인회의 수장 또한 이승만의 부인 프란체스카^Francesca Rhee였다. 당시 성인 남성은 모두 국민회에 가입하여 회비를 납부해야만 했을 정도로 이승만 체제는 '파시즘적 두령 체제'를 지향하고 있었다.

일민주의는 배타적 민족주의와 반공주의를 근간으로 한 파시즘적 통치 이론으로 요약된다. 도의나 윤리 등 개별 구성원들의 도덕적 덕성을 강조하고 있으나 이것은 건전한 공동체 사상이라기보다는 국가와 동일시되던 이승만의 일인 독재 체제를 강화하는 도구로 활용되었다. 일반적으로 파시즘은 극단적 민족주의와 집단 우위의 전체주의를 주된 특질로 한다. 보수 우파의 정치 이념 또한 민주주의의 범주 속에서 추구되어야 함이 마땅하다면 일민주의와 같은 '한국형 파시즘'은 보수 우파 정치 담론의 악성 돌연변이라 할 수 있다.

보수 우파 정치 진영의 일원임을 강조하는 적지 않은 수의 인사들은 한국형 파시즘의 정점에 있던 이승만을 국부國父로 추앙한다. 또한 '민족적 민주주의'와 '한국형 민주주의'를 내세우며 18년간 철권을 휘둘렀던 박정희를 최고의 대통령으로 평가하는 데 주저하지 않는다. 이들에게 이승만과 박정희는 김일성 괴뢰 도당으로부터 대한민국을 수호하고 북한과의 체제 경쟁에서 대한민국을 승리로 이끈 '자유 민주주의'의 화신이다. 자유와 민주주의의 가치와 가장 거리가 먼 정치 행태를 노정한 정치 지도자를 자유 민주주의의 화신으로 칭송하는 행위는 명백한 논리적 모순이다. 이는 반민족적이고도 반민주적인 폭압적 통치 이념으로, 다수의 우파 정치인들이 의존하는 보수주의와도 한참 거리가 멀다.

극단적 민족주의를 좌파 진영에서 전유한 사례로는 1980년대 중반에서 1990년대 전반기 한국 학생 운동에 심대한 영향을 미쳤던 김일성 주체사상을 들 수 있다. 김일성 주체사상을 신봉하는 학생 운동권 인사들을 이른바 '주사파'로 약칭하는데, 이들은 한국 사회에 존재하는 정치·경제·사회 모순의 근원을 분단 체제의 성립에서 도출했다. 주체사상은 경제 결정론적 성향이 강한 정통 마르크스주의에 비해 인간의 능동적 혁명 의지와 반제국주의적 성향의 저항적 민족주의를 강조했다. 주체사상은 전두환이 이끄는 신군부의 폭압적 독재 체제하에서 숨죽이고 지내던 학생 운동권에 대안적이고 혁신적인 투쟁 이념으로 인식되었다. 특히 광주 학살을 방조하고 군부 독재 체제를 사실상 승인한 미국에 대한 반감은 주체사상의 확산을 부추기는 요인으로 작용했다.

일반적으로 '전국 대학생 대표자 협의회(약칭 '전대협')' 결성 이전까지 1980년대 학생 운동의 핵심은 이른바 언더서클^{undercircle}이라 불리는 지하 운동 세력이었다고 알려져 있다. 언더서클은 학생 운동의 노선과 세부 전략, 투쟁 지침을 설정하는 역할을 하며 총학생회장 선출과 총학생회 활동 전반을 총괄했다고 한다. 이른바 주체사상이 학생 운동권에 본격적으로 침투하기 시작한 건 1980년대 중반부터인데, 이때는 반독재 민주화 투쟁의 대안적 논리로 주체사상을 자율적으로 수용하는 단계였던 것으로 보인다. 당시 대표적인 주사파 학생 운동 비밀 조직체는 구국학생연맹(약칭 '구학련'으로 이후 민족민주혁명당 결성으로까지 이어진다), 반미청년회, 자주민주통일(약칭 '자민통')이었다. 자민통은 최대 주사 조직이었던 반미청년회의 바통을 이어받아 전대협 활동을 배후에서 조종한 것으로 알려져 있다. 이들은 통일혁명당의 후신인 한국민족민주전선(약칭 '한민전'으로 '구국의 소리'라는 방송을 통해 학생 운동의 투쟁 지침과 세부 전략, 구호 등을 지시한 북한의 대남 선전 선동 기관)을 통해 주사파 학생 운동권의 활동을 좌우하며 주사파 계열을 학생 운동의 주류 세력으로 만들고자 노력했다. 이후 학생 운동은 6월 항쟁을 전후하여 거국적 대중 운동 노선의 필요성이 제기되자 각 학교 총학생회를 운동의 중심 세력으로 삼고 전대협 결성을 통해 지하 운동과 대학의 총학생회를 망라한 총체적 대중 운동 조직으로 거듭나게 된다. 주사파의 존재는 학생 운동의 조직적 활성화에 일정 정도 기여했다. 주사파를 포함한 좌파 진영의 민족주의는 전대협과 '한국대학총학생회연합(약칭 '한총련')'의 결성에 적지 않은 영향을 끼쳤으며 6·25 전쟁으로 고착된 적대적 대북관을 완화하는 데도 적지 않게 이바지했다. 그러나 주사파가 노정한 북한 추종적 대외관과 극단적인 반일·반미주의로 대변되는 대외 혐오적 민족주의는 비민주적 조직 운영 행태와 결합되면서 사회적 지지를 상실하였다.

정자정야政者正也라 했다. 정치는 잘못된 것을 바로잡아 바르게 하는 것이라는 뜻이다. 특히 동아시아 유교 문화권에서는 덕성과 학식을 고루 겸비한 군자君子가 통치의 주체가 되어야 함을 역설하면서 정자정야의 본뜻을 실현할 수 있는 왕도정치王道政治 이론을 강조했다. 유가에서 강조하는 덕성인 인仁과 의義의 관념은 미덕 개념이 사회적으로 확장되어 나타나는 서양의 공동체주의와는 결이 다르다. 전제 왕권을 전제하는 바탕 위에서 전인적 특질을 갖는 엘리트 유자儒者들의 통치를 상정하는 동아시아의 왕도 정치는 그 형식과 내용 모든 면에서 서양의 공화주의와는 상이하다. 우선

공화주의는 왕의 존재를 배제하는 정치체를 근간으로 한다는 점에서 그렇고, 양자의 인문학적 전통이 상이하다는 점 또한 둘 사이의 유사성보다는 차이점을 더욱 두드러지게 한다.

그러나 특정 사상은 시대와 무관한 보편성뿐만 아니라 해당 사상이 발생한 역사적 시간성을 아울러 반영한다. 고전의 반열에 올라 있는 대부분의 사상은 시대적 한계는 걷어 내고 공시적 보편성에 주목한 후세인들의 노력의 결과라 할 수 있다. '창조적 계승'은 이를 두고 이르는 말일 것이다.

폐쇄적 민족주의와 봉건적 신분제와 연계된 유가 이념은 비판의 대상일 수는 있다. 그러나 개방적 민족주의와 개별자의 덕성 함양을 강조하는 선비 문화의 전통은 한국 우파 세력이 간직해야 할 보수주의 이념의 핵심이 될 만한 장점을 충분히 지니고 있다. 민족주의 및 공화주의와 결합된 건전한 유가주의의 전통이 한국 우파 세력을 이념적으로 뒷받침하는 보수주의 주류로 자리 잡지 못한 게 한국 보수주의의 한계라는 생각이다.

민족주의와 유가 문화 전통에 대해 강박적 거부감을 표하는 것은 진정한 민주주의자의 처신이라 할 수 없다. 특정 사상의 단편적 맹점에 집중하여 해당 사상을 전면적으로 비난하는 태도는 자기중심적이고 폐쇄적인 정치관으로 이어질 공산이 크다. 최근 정치권에서 횡행하는 '진영 논리'는 이러한 자폐적 정치관과 무관해 보이지 않는다. 자폐적 정치관은 반동적 보수주의와 마찬가지로 민주주의 사회가 경계해야 할 대상이다.